El inconsciente colectivo en la mitología de Chiloé

René de la Barra Saralegui

DEDICATORIA

A la memoria de Bernardo Quintana Mansilla y Heriberto Bahamonde
Tejeda.

ÍNDICE

AGRADECIMIENTOS

Agradezco a Christian Thomas, quien, mediantes sus cátedras y conversaciones, me re-encantó con el análisis Junguiano y el valor del mito, y tuvo la paciencia de esperar meses más allá del plazo comprometido para entregar estas líneas.

Mis agradecimientos a María Edith Oliva, quien me apoyó en todo lo que pudo para que concluyera este trabajo.

Agradezco también a Felipe de la Barra, por su entusiasmo con la idea de publicar este libro; sus ideas, su motivación y su alegría fueron también una ayuda para este proyecto.

Mi reconocimiento a Rodrigo Mansilla Vivar, quien compartió mi entusiasmo y me acompañó a una visita de campo, a la isla Cahuache.

Y aunque ya no estén con nosotros, debo agradecer también a don Heriberto Bahamonde Tejeda y a don Bernardo Quintana Mansilla, quienes me acogieron con cariño en sus respectivas casas, para brindarme apoyo, aclarar dudas y sugerir nuevas ideas para la realización de este proyecto.

El inconsciente colectivo en la mitología de Chiloé:

Análisis de la leyenda de Caicaivilu y Tentenvilu, y de los personajes míticos el Thrauco y la Fiura.

INTRODUCCIÓN

Carl Gustav Jung, psiquiatra suizo, nacido el 26 de julio de 1895 y muerto 06 de junio de 1961, en sus inicios cercano a Freud, estableció una relación funcional entre la estructura psíquica y sus productos, es decir, la cultura, entendida ésta en su acepción antropológica más amplia, y propuso la existencia una capa del inconsciente más profunda que el *inconsciente personal*, del cual se ocupó latamente Freud y autores posteriores. A esta capa más profunda, la denominó *inconsciente colectivo*[1]. La observación de diferentes culturas le llevó a postular la existencia de diversos arquetipos, los que se manifestarían con cierta constancia en los diferentes pueblos e individuos, y serían por lo tanto comunes a toda la especie. Para Jung la existencia de dichos arquetipos se evidencian en su forma más inmediata «en sueños y visiones [y ésta] es mucho más individual, más incomprensible o ingenua que por ejemplo la que aparece en el mito»[2].

El origen del mito es inconsciente y solo el paso de un individuo a otro y de una generación a otra, aporta el elemento «consciente». El contenido del inconsciente resulta, incluso para

---

1 Jung, Carl Gustav: "Los arquetipos y lo inconsciente colectivo". Editorial Trotta, Madrid, España, 2002. Pág. 4.

2 Jung, Carl Gustav: "Los arquetipos y lo inconsciente colectivo". Editorial Trotta, Madrid, España, 2002. Pág. 5.

el mismo individuo, insabible a través de la palabra e incluso de la representación.

El estudio de los pueblos más primitivos, cuyas representaciones han sido menos «elaboradas», podría resultar de especial ayuda para entender aspectos del espíritu humano, hasta hoy desatendidos, en especial si se trata de comunidades insulares, cuyo contacto con otras culturas no ha tenido la importancia, más obvia quizá, que la que se puede observar en las culturas mediterráneas. En los mitos y leyendas de estos pueblos deberíamos encontrar elementos arquetípicos comunes con otras culturas, a pesar de no haber tenido contacto con ellas. Uno de estos pueblos, poseedor de una rica mitología, es el chilote. Sus orígenes prehispánicos se dividen en dos vertientes principales, la huiliche y la chono, cuya existencia como etnia no es del todo clara, ya que podría corresponder a más de un grupo de pueblos canoeros, que desde el punto de vista cultural compartieron un idioma y una forma de vida, lo que permite que se hable de un horizonte cultural chono[3]. Para los efectos que nos ocupa esta disquisición no nos parece relevante. Nos seduce, en cambio, la posibilidad de identificar en sus mitos y leyendas, arquetipos como los descritos por Jung, quien define dichos arquetipos como «los contenidos del *inconsciente colectivo*»[4], en oposición a los Complejos, que son, en cambio, «los contenidos del *inconsciente personal*»[5]. Cita a Filón de Alejandría, para quien los primeros no son sino la *imago Dei en el hombre*[6], y acto seguido, señala que en San Agustín, si bien no aparece la «expresión arquetipo (…) [si lo hace] la idea, por ejemplo en *De diversis quaestionibus*: "Ideas…que no están formadas…que están contenidas en el saber divino"»[7].

---

3 Trivero Rivera, Alberto: "Los primeros pobladores de Chiloé. Génesis del horizonte mapuche". Working Paper. Series 25. Editorial Digital Ñuke Mapu.

4 Jung, Carl Gustav: "Los arquetipos y lo inconsciente colectivo". Editorial Trotta, Madrid, España, 2002. Pág. 4.

5 Jung, Carl Gustav: "Los arquetipos y lo inconsciente colectivo". Editorial Trotta, Madrid, España, 2002. Pág. 4.

6 Jung, Carl Gustav: "Los arquetipos y lo inconsciente colectivo". Editorial Trotta, Madrid, España, 2002. Pág. 4.

7 Jung, Carl Gustav: "Los arquetipos y lo inconsciente colectivo". Editorial Trotta, Madrid, España, 2002. Pág. 4.

Agregamos por nuestra cuenta que quizá también podría homologarse a la incipiente participación de cada ser humano en la inteligencia divina, a la que se ha referido, aunque en otro sentido, Santo Tomás de Aquino[8].

Al hablar de arquetipo abordamos dicho concepto desde la perspectiva de un modo de funcionamiento psíquico heredado, no de representaciones heredadas[9], que podrían o no mostrar la constancia a la que nos hemos referido más arriba (y que de algún modo hacen que el mito sea *tan solo* una referencia mediata al *inconsciente colectivo*), pero que en caso de hacerlo, dan mayor fuerza a la hipótesis de la existencia del *inconsciente colectivo*.

Juan de Castro señala que los arquetipos son «disposiciones anímicas para actuar humanamente (análogamente a lo que existe en el orden biológico, y tal vez muy ligadas a él), son producto de la herencia humana y van más allá de las personas, culturas y grupos étnicos»[10].

Jung sostiene que «el hombre primitivo tiene en principio poco interés en obtener una explicación objetiva de las cosas evidentes, y en cambio siente una imperiosa necesidad, mejor dicho su alma inconsciente tiene una urgencia inaplazable por asimilar toda la experiencia sensorial exterior al acontecer anímico»[11]. Por lo tanto, resultará de mucha mayor riqueza explorar, no una cultura cuyo desarrollo le permita una conciencia inquisitiva, más centrada en lo explicativo, sino una que se encuentre en un nivel incipiente de civilización, que nos permita sumergirnos en las aguas del *inconsciente colectivo*, de un modo si se quiere más «puro», ya que no encontramos un término más afortunado. Para Jung el *inconsciente colectivo* es lo

---

8 Citado por Vuskovic, Sergio y Fernández, Osvaldo. "Teoría de la Ambigüedad. Bases ideológicas de la Democracia cristiana". Empresa editora Austral, Santiago, Chile, 1964. Pág. 142.

9 De Castro, Juan: "Introducción a la Psicología de Carl Gustav Jung". Ediciones Universidad Católica de Chile, Santiago, Chile, 1993. Pág. 5.

10 De Castro, Juan: "Introducción a la Psicología de Carl Gustav Jung". Ediciones Universidad Católica de Chile, Santiago, Chile, 1993. Pág. 55.

11 Jung, Carl Gustav: "Los arquetipos y lo inconsciente colectivo". Editorial Trotta, Madrid, España, 2002. Pág. 6.

más profundo del psiquismo, «siendo un mundo mitológico y fabuloso, un mundo inferior o un mundo superior –como se quiera– que está formado por núcleos de potencial energético, núcleos que llenan nuestra vida: un ser que estuviera desprovisto de ellos sería de una indiferencia inhumana»[12]. Formando parte de este mundo, postula la existencia de varios arquetipos[13], entre los cuales nos parece pertinente destacar los siguientes:

El arquetipo del *Héroe*: Su nacimiento es milagroso pero humilde, da muestras de fuerzas sobrehumanas ya en la infancia, le sigue un rápido ascenso a la notoriedad o el poder, la lucha contra el mal, el pecado de orgullo y la caída, ya sea en la forma de traición o de la muerte como sacrificio heroico[14]. El héroe puede ser también mártir o misionero[15]. Ejemplos como el de Hércules, en la mitología griega, y el de Jesucristo en la cristiana, nos permiten una mejor compresión del arquetipo. En tiempos posmodernos, es posible rastrearlo en las historietas y en el cine; baste con citar a *Superman* y, en la saga cinematográfica *La guerra de las Galaxias*, a *Anakin Skywalker*, quien después de la caída devino en *Darth Vader*.

El arquetipo de la *Madre*: Para Jung este arquetipo, como los otros, «tiene una serie casi inabarcable de aspectos»[16]. Lo maternal, lo bondadoso, lo fértil, lo que sustenta y protege, la sabiduría y la espiritualidad más allá del intelecto, pero también la madre amante y terrible, la madre mala, que castiga y devora. Es, por lo tanto, un arquetipo ambivalente, y por ello su proyección en el mito puede aparecer en personajes como María Virgen (aspectos positivos), o como las brujas, los dragones y

---

12 Jung, Carl Gustav: "Los complejos y el inconsciente" Editorial Altaya, Barcelona, España, 1997. Pág. 410.

13 Jung, Carl Gustav: "Los arquetipos y lo inconsciente colectivo". Editorial Trotta, Madrid, España, 2002. Pág. 27.

14 Henderson, Joseph: "Los mitos antiguos y el hombre moderno". En Jung, Carl G.: "El hombre y sus símbolos". Luis de Caralt Editor, Barcelona, España, 1976. Pág. 109.

15 Jung, Carl Gustav: "Presente y futuro". Editorial Sur, Buenos Aires, Argentina, 1963. Pág. 14.

16 Jung, Carl Gustav: "Los arquetipos y lo inconsciente colectivo". Editorial Trotta, Madrid, España, 2002. Pág. 78.

las serpientes (aspectos negativos), o como la diosa de la fortuna (aspectos ambivalentes)[17].

El arquetipo del *Ánima*: Representa lo femenino presente en todo ser humano de sexo masculino. El *Ánima* quiere la vida, lo bueno y lo malo, aun a despecho del logos; «es la serpiente en el paraíso del hombre ingenuo lleno de buenos propósitos y buenas intenciones»[18]. El *Ánima*, en la Antigüedad clásica, «se presenta como diosa o como bruja»[19] y podría resumirse, solo de manera muy general, como el Eros materno[20]. El *Ánima*, en suma, es caótico empuje vital, pero hay en ella (…) una especie de saber misterioso o de sabiduría oculta»[21]. Su caótica arbitrariedad le da la posibilidad de barruntar un orden secreto[22]; representa en definitiva, la vida no reglada por el logos, y puede aventurarse que es incluso anterior a lo humano.

El arquetipo del *Ánimus*: A diferencia de *Ánima*, que significa alma, *Ánimus* significa espíritu y hace referencia al principio masculino presente en cada mujer. «Puede ser descrito (…) en términos de "logos", palabra y pensamiento, creatividad de acción, agresividad encauzada, firmeza psicológica, capacidad para luchar por metas y superar obstáculos en el camino de la vida»[23].

Es necesario advertir que cada ser humano, hombre y mujer, deben desarrollar en forma armónica ambos elementos,

---

17 Jung, Carl Gustav: "Los arquetipos y lo inconsciente colectivo". Editorial Trotta, Madrid, España, 2002. Pág. 78-79.

18Jung, Carl Gustav: "Los arquetipos y lo inconsciente colectivo". Editorial Trotta, Madrid, España, 2002. Pág. 27.

19 Jung, Carl Gustav: "Los arquetipos y lo inconsciente colectivo". Editorial Trotta, Madrid, España, 2002. Pág. 29.

20 De Castro, Juan: "Introducción a la psicología de Carl Gustav Jung". Ediciones Universidad Católica de Chile, Santiago, Chile, 1993. Pág. 57.

21 Jung, Carl Gustav: "Los arquetipos y lo inconsciente colectivo". Editorial Trotta, Madrid, España, 2002. Pág. 30.

22 Jung, Carl Gustav: "Los arquetipos y lo inconsciente colectivo". Editorial Trotta, Madrid, España, 2002. Pág. 30.

23 De Castro, Juan: "Introducción a la psicología de Carl Gustav Jung". Ediciones Universidad Católica de Chile, Santiago, Chile, 1993. Pág. 59.

masculino (*Ánimus*) y femenino (*Ánima*), para alcanzar la madurez plena en su vida[24].

El arquetipo del *Viejo sabio*: El *Viejo sabio* o el mago, «se remonta en línea directa a la figura del hechicero de la sociedad primitiva»[25]. Al igual que el *Ánima*, es inmortal[26] e «ilumina con la luz del sentido las caóticas oscuridades de la vida pura y simple. Es el iluminador, el preceptor y maestro, un (...) constructor de almas»[27]. Jung también le llama arquetipo *del sentido*. El Zaratustra de Nietzsche, Merlín y el Yoda, de la *Guerra de las Galaxias*, son ejemplos de proyección del arquetipo en la filosofía, la leyenda y el cine.

El arquetipo del *Niño*: «Representa el aspecto preconsciente de la infancia del alma colectiva»[28]. Pero «no solo presenta algo que ha sido y que ha pasado hace tiempo sino algo actual, es decir, no es solo un residuo sino un sistema que sigue funcionando hoy y que está destinado a compensar o corregir adecuadamente los inevitables unilateralismos y extravagancias de la consciencia (...) que necesita como compensación lo que aún queda del estado infantil (...)»[29], para no verse desarraigada, para no perder sus raíces y verse sin ley, para no distanciarse en demasía del mundo instintivo y mantener el vínculo con la tradición[30]. El naturalismo de un Rousseau –la ley natural– hunde sus raíces en el arquetipo del Niño. La vuelta a lo natural,

---

24 De Castro, Juan: "Introducción a la psicología de Carl Gustav Jung". Ediciones Universidad Católica de Chile, Santiago, Chile, 1993. Pág. 59.

25 Jung, Carl Gustav: "Los arquetipos y lo inconsciente colectivo". Editorial Trotta, Madrid, España, 2002. Pág. 36.

26 Jung, Carl Gustav: "Los arquetipos y lo inconsciente colectivo". Editorial Trotta, Madrid, España, 2002. Pág. 36.

27 Jung, Carl Gustav: "Los arquetipos y lo inconsciente colectivo". Editorial Trotta, Madrid, España, 2002. Pág. 36.

28 Jung, Carl Gustav: "Los arquetipos y lo inconsciente colectivo". Editorial Trotta, Madrid, España, 2002. Pág. 149

29 Jung, Carl Gustav: "Los arquetipos y lo inconsciente colectivo". Editorial Trotta, Madrid, España, 2002. Pág. 151.

30 Jung, Carl Gustav: "Los arquetipos y lo inconsciente colectivo". Editorial Trotta, Madrid, España, 2002. Pág. 151.

que ha adquirido tanta fuerza en los anhelos del ser humano en nuestra era tecnológica. Pero también representa lo que está en potencia, el futuro[31], y por lo mismo, la esperanza, pues «prepara una futura transformación de la personalidad»[32].Quizá por lo mismo, el otro aspecto presente en arquetipo sea el de un *salvador*[33], que en definitiva es el un hacedor-de-la-totalidad[34]. La imagen de Jesús, una vez más, se nos hace presente.

El arquetipo del *Segundo nacimiento* o del *Renacer.* «El concepto del renacer –advierte Jung– no se emplea siempre en un sentido homogéneo»[35]. Este arquetipo tiene, por lo tanto, más de un aspecto y significado. Jung enumera las formas que le parecen más importantes: la *metempsicosis*, o trasmigración de las almas, mediante la cual la vida se prologarían en el tiempo a través de diversos cuerpos[36]. La *reencarnación*, que implica continuidad personal, y por lo mismo es recordable, al menos en potencia[37]. La *resurrección*, que contiene en sí un cambio de esencia, ya que se renace a una forma de vida diferente, a un estado superior, aun si el renacimiento se produce en un cuerpo carnal, como sugiere el cristianismo[38]. La *renovación*: esta forma de renacer se da dentro período de vida del individuo, que puede no resultar en un cambio de esencia, sino de una parte de

---

31 Jung, Carl Gustav. "Los arquetipos y lo inconsciente colectivo". Editorial Trotta, Madrid, España, 2002. Pág. 152.

32 Jung, Carl Gustav: "Los arquetipos y lo inconsciente colectivo". Editorial Trotta, Madrid, España, 2002. Pág. 152.

33 Jung, Carl Gustav: "Los arquetipos y lo inconsciente colectivo". Editorial Trotta, Madrid, España, 2002. Pág. 152.

34 Jung, Carl Gustav: "Los arquetipos y lo inconsciente colectivo". Editorial Trotta, Madrid, España, 2002. Pág. 152.

35 Jung, Carl Gustav: "Los arquetipos y lo inconsciente colectivo". Editorial Trotta, Madrid, España, 2002. Pág. 105.

36 Jung, Carl Gustav: "Los arquetipos y lo inconsciente colectivo". Editorial Trotta, Madrid, España, 2002. Pág. 106.

37 Jung, Carl Gustav: "Los arquetipos y lo inconsciente colectivo". Editorial Trotta, Madrid, España, 2002. Pág. 106.

38 Jung, Carl Gustav: "Los arquetipos y lo inconsciente colectivo". Editorial Trotta, Madrid, España, 2002. Pág. 106-107.

la personalidad, como en una curación o en el perfeccionamiento, o puede darse una transformación propiamente dicha, que implica un cambio de esencia, de humano a divino[39], pero sin transitar por la muerte. La quinta forma es un «renacer indirecto»[40], que Jung denomina *participación en el proceso de trasformación*[41]. Vivir un ritual de iniciación es quizá el mejor ejemplo. Jung cita los misterios de Eleusis[42]. Podríamos agregar por nuestra parte las iniciaciones masónicas y los llamados rituales de paso, en las comunidades primitivas. Jung agrega que «en muchas religiones [*Renacer*] es la experiencia central; [que] constituye la idea clave de la filosofía ocultista medieval y también, *last but not least*, la fantasía infantil que se da en no pocos niños pequeños y "mayores", que creen que sus padres no son verdaderos sino solo padres adoptivos a quienes ellos fueron entregados»[43], como le ocurrió Clark Kent, el alter ego de *Superman*.

El arquetipo de la *Sombra*: Todo lo que el ser humano oculta, «ese rostro que nunca mostramos al mundo por esconderlo tras la "persona", tras la máscara del actor»[44] constituye la *sombra*. La sombra, empero, no está muerta ni congelada: «es una parte viva de la personalidad y por eso quiere vivir de un modo u otro»[45]. «El encuentro con uno mismo

---

39 Jung, Carl Gustav: "Los arquetipos y lo inconsciente colectivo". Editorial Trotta, Madrid, España, 2002. Pág. 107.

40 Jung, Carl Gustav: "Los arquetipos y lo inconsciente colectivo". Editorial Trotta, Madrid, España, 2002. Pág. 107.

41 Jung, Carl Gustav: "Los arquetipos y lo inconsciente colectivo". Editorial Trotta, Madrid, España, 2002. Pág. 107.

42 Jung, Carl Gustav: "Los arquetipos y lo inconsciente colectivo". Editorial Trotta, Madrid, España, 2002. Pág. 108.

43 Jung, Carl Gustav: "Los arquetipos y lo inconsciente colectivo". Editorial Trotta, Madrid, España, 2002. Pág. 44.

44 Jung, Carl Gustav: "Los arquetipos y lo inconsciente colectivo". Editorial Trotta, Madrid, España, 2002. Pág. 20.

45 Jung, Carl Gustav: "Los arquetipos y lo inconsciente colectivo". Editorial Trotta, Madrid, España, 2002. Pág. 20.

significa encontrarse con la propia sombra»[46], que «es el mundo del agua, en el que todo flota, en suspenso, todo lo vivo, (…) donde yo soy inseparable y soy éste y aquél, donde experimento en mí al otro y el otro me experimenta a mí como al yo»[47]. En la *sombra* «no hay fuera ni dentro, ni arriba ni abajo, ni aquí ni allá, ni mío ni tuyo, ni bueno ni malo»[48]. Lo que nunca fue, lo que pudo ser, la potencia, lo temido, lo inaceptable, lo trunco, lo pendiente, la totalidad oculta, forman parte de la *sombra*. El arte es un encuentro con la sombra. Las ocurrencias del escritor son retazos de su sombra.

El arquetipo del *Padre*: Cuesta más encontrar en las fuentes una descripción de este arquetipo. Relacionado tanto con Dios como con el diablo, en la medida en que se los considera aspectos disociados de una misma cosa, el arquetipo hace referencia a la autoridad, al sometimiento a los preceptos y valores, las convicciones definitivas, las prohibiciones y los consejos, que a menudo son juicios apodícticos. Las representaciones incluyen, no solo a Dios y al diablo, sino también a enanos, animales parlantes y sabios, duendes, etc.[49]

---

46 Jung, Carl Gustav: "Los arquetipos y lo inconsciente colectivo". Editorial Trotta, Madrid, España, 2002. Pág. 20.

47 Jung, Carl Gustav: "Los arquetipos y lo inconsciente colectivo". Editorial Trotta, Madrid, España, 2002. Pág. 21.

48 Jung, Carl Gustav: "Los arquetipos y lo inconsciente colectivo". Editorial Trotta, Madrid, España, 2002. Pág. 21.

49 Jung, Carl Gustav: "Los arquetipos y lo inconsciente colectivo". Editorial Trotta, Madrid, España, 2002. Pág. 198-199.

Primera parte

CONDICIONES DE VIDA

Para abordar los mitos de Chiloé desde la perspectiva que nos interesa, es necesario señalar que nos encontramos con algunos escollos difíciles, sino imposibles de resolver. El hecho de que existan escasos registros fósiles de asentamientos humanos que formaran parte de la(s) cultura(s) del archipiélago[50], y que el más importante sea el de Monte Verde (12 mil años de antigüedad), ubicado a 55 km. al sudeste de Puerto Montt[51] (vale decir, en el continente), nos dificulta inferir las condiciones de vida de los primeros habitantes de las islas, cosa que nos habría resultado de utilidad, si consideramos que, como ya señalamos más arriba citando a Jung, al hombre primitivo no le interesan las explicaciones objetivas del mundo exterior, sino que su alma tiene la apremiante necesidad de asimilar su experiencia exterior a su acontecer anímico[52].

Un esbozo de solución es la descripción que nos propone Narciso García Barría, quien señala que «a la llegada de los españoles al archipiélago la población aborigen estaba recién en

---

50 Ocampo E., Carlos, & Rivas H., Pilar. (2004). "Poblamiento temprano de los extremos geográficos de los canales patagónicos: Chiloé e isla Navarino 1". Chungará (Arica), 36 (Supl. espect1). Págs. 317-331.

51 Cárdenas, Renato; Hall, Catherine; Montiel Vera, Dante; "Los Chono y los Veliche de Chiloé". Editores Renato Cárdenas y Catherine Hall: Imprenta Olimpho. Santiago de Chile, 1991. Pág. 17.

52 Jung, Carl Gustav: "Los arquetipos y lo inconsciente colectivo". Editorial Trotta, Madrid, España, 2002. Pág. 6.

los albores de la barbarie. Practicaba en forma muy rudimentaria ciertos cultivos (papa, maíz) y había logrado la domesticación de algunos animales (*chilihueques*) y, según algunos exploradores, también vicuñas y perros. Su alimentación era omnívora. Pero en gran parte seguían dependiendo de la producción natural de la tierra, los bosques y el mar, en una suerte de supeditación inevitable y forzosa a las contingencias del medio»[53]. Debemos completar dicha descripción con la siguiente referencia: «Cortés Hojea, en 1558, encontró en el archipiélago Guaytecas algunas parcelas abandonadas donde se cultivaba papas, lo que significaría que tenían esta práctica en periodos previos a la ocupación española de Chiloé. Cronistas posteriores, reafirmando este hecho anotan que también en estos archipiélagos se encontraban ovejas, chivos y crecía una cebada menuda. Otro elemento de esta cultura "chilota" que se habría desplazado hacia el sur dice relación con hachas de piedra encontradas en las islas Chonos, Guaytecas y Cabo Tres Montes, elementos que habrían estado ausentes en las culturas fueguinas, debido a lo cual confeccionaban sus embarcaciones "a fuerza de fuego y conchas"»[54].

Más adelante, Narciso García, destaca las arduas condiciones de vida que debieron enfrentar los habitantes de las islas: el sismo que llevó a la formación del archipiélago y su aislamiento con respecto al continente y entre cada isla, en especial de las más pequeñas, debió conformar un ambiente especialmente hostil para la vida de aquellos hombres, sobre todo considerando que luego de la inundación del valle central, quienes sobrevivieron seguramente se encontraban o buscaron refugio en las cimas de las colinas más altas y los cerros, tierras

---

53 García Barría, Narciso, Narciso: "Tesoro mitológico del archipiélago de Chiloé". Editorial Andrés Bello, Santiago de Chile, 1985. Pág. 31.

54 Cárdenas, Renato; Hall, Catherine; Montiel Vera, Dante; "Los Chono y los Veliche de Chiloé". Editores Renato Cárdenas y Catherine Hall: Imprenta Olimpho. Santiago de Chile, 1991. Pág. 102.

probablemente poco aptas para la supervivencia[55]. De este modo, aquellos hombres quedaron prisioneros de sus propias arcas bíblicas.

Pero Narciso García agrega algo más, que a menudo quienes vivimos en el sur, de puro obvio, solemos pasar por alto: las inclemencias de un clima hostil, en que el frío, el vendaval, la metralla de la granizada y los latigazos de la lluvia, castigaban a los moradores de «chozas miserables [y] con vestuario insuficiente»[56]. Los materiales de que disponían en las islas les impedían conservar los alimentos, construir viviendas más sólidas o herramientas que no fueran de madera o piedra, por lo que sus «elementos auxiliares [para la subsistencia, eran] muy primitivos e ineficaces»[57].

El Dr. Bernardo Quintana Mansilla, en su libro «Origen del Pueblo Chilote…», aborda el tema en forma menos pesimista[58], pero creemos que se trata de una cuestión de estilos más que de fondo. Por lo demás, su versión sería un poco más completa, destacando el uso de dalcas para navegar de isla en isla, a través de aguas encrespadas, frías y oscuras. Los chonos no necesariamente estaban aislados, pero seguramente su contacto con otros pueblos no debió de ser una cuestión cotidiana. La otra vertiente que formó la cultura chilota, los veliches, se enfrentaron a condiciones de vida parecidas, a despecho de su existencia sedentaria.

Para la retina, entonces, y atendiendo a los propósitos de estas líneas, asumiremos la óptica de Narciso García, aun sabiendo que existen relativizaciones al respecto.

---

55 García Barría, Narciso: "Tesoro mitológico del archipiélago de Chiloé". Editorial Andrés Bello, Santiago de Chile, 1985. Pág. 32.

56 García Barría, Narciso: "Tesoro mitológico del archipiélago de Chiloé". Editorial Andrés Bello, Santiago de Chile, 1985. Pág. 32.

57 García Barría, Narciso: "Tesoro mitológico del archipiélago de Chiloé". Editorial Andrés Bello, Santiago de Chile, 1985. Pág. 32.

58 Quintana Mansilla, Bernardo: "Origen del pueblo chilote. Cuentos chilotes. Ñancupel el pirata". Gráfica Andina, Puerto Montt, Chile. Pág. 71.

A partir de dicha mirada breve, pero lo suficientemente descarnada, de las condiciones de vida de los habitantes del archipiélago hasta la llegada de los españoles, podemos colegir que éstos se veían más preocupados por la subsistencia, por el «pan nuestro de cada día», que por explicar los fenómenos naturales exotéricamente. Es más lógico pensar que más bien a través de dichos fenómenos, por un mecanismo de proyección, debieron hacer tangibles sus emociones más profundas, fascinantes y aterradoras.

Quizá por eso se hable de una mitología esencialmente pesimista.

LOS ORÍGENES DE LA CULTURA CHILOTA

A pesar de que no creemos que la mera transmisión de la tradición oral a través de las migraciones y conquistas, con sus respectivos avatares de imposiciones, asimilaciones, sincretismos, mixturas y modificaciones, aclare siquiera remotamente las similitudes, más o menos importantes y más o menos exactas, que se observan en el acervo mítico de los pueblos, en especial si consideramos en éste una naturaleza simbólica y no literal; a pesar de ello, nos interesa dejar asentadas algunas hipótesis acerca de los orígenes étnicos de los habitantes de las islas.

Se ha planteado que en América existieron pueblos autóctonos y que por lo tanto no llegaron de ningún lado. Pero «ningún científico ha vuelto a insistir seriamente sobre el tema porque en América no hay evidencias de una cadena evolutiva de la especie humana anterior al Homo sapiens. Los pre-homínidos y homínidos que serían sus antecesores, son desconocidos aquí, contrariamente a lo que ocurre en África, Asia y Europa»[59]. Otros señalan que los pueblos que

---

59 Cárdenas, Renato; Hall, Catherine; Montiel Vera, Dante; "Los Chono y los Veliche de Chiloé". Editores Renato Cárdenas y Catherine Hall: Imprenta Olimpho. Santiago de Chile, 1991. Pág. 7.

colonizaron América del Sur lo hicieron desde distintas partes del globo y que por lo mismo pertenecían a diferentes razas[60].

La teoría más conocida es la que sostiene que «la migración asiática hacia América, se produjo a través de Alaska, durante la Edad del Hielo, hace más o menos 20 mil años y que siguiendo la costa del Pacífico, llegaron hasta el Cabo de Hornos»[61]. Cárdenas, Hall y Montiel aportan más detalles respecto de esta teoría, señalando que «el mundo científico de hoy acepta que la más antigua ruta de inmigración se dio a través del Ártico»[62]. «Durante la última glaciación que experimentó el planeta, los mares se congelaron bajando sus niveles a más de cien metros en el sector hoy conocido como estrecho de Bering. Con 46 metros ya se formaba allí un estrecho puente entre Chukotka y Alaska, a través de la isla San Lorenzo. Pero al comienzo de la glaciación y al término de ella, se dieron las condiciones óptimas para que se estableciera una amplia plataforma, de 1800 kilómetros, entre ambos continentes. Este puente –que ya se venía formando desde el Terciario– se convertirá, por primera vez, en ruta de cazadores asiáticos»[63].

Don Bernardo Quintana, sin embargo, encuentra en esta teoría varios puntos débiles, como la «discontinuidad fenómeno-típica poblacional: Los rasgos morfo-funcionales de los individuos repartidos en esta posible extensa ruta, difieren notablemente entre sí. Los indígenas californianos aztecas, mayas, incas, son sensiblemente distintos en su aspecto al Chono (o al Alacalufe), que es el autóctono que nos interesa. De acuerdo a la ley de Hardy y Weimberg, los cambios

60 Quintana Mansilla, Bernardo: "Origen del pueblo chilote. Cuentos chilotes. Ñancupel el pirata". Gráfica Andina, Puerto Montt, Chile. Pág. 59.

61 Quintana Mansilla, Bernardo: "Origen del pueblo chilote. Cuentos chilotes. Ñancupel el pirata". Gráfica Andina, Puerto Montt, Chile. Pág. 59.

62 Cárdenas, Renato; Hall, Catherine; Montiel Vera, Dante; "Los Chono y los Veliche de Chiloé". Editores Renato Cárdenas y Catherine Hall: Imprenta Olimpho. Santiago de Chile, 1991. Pág. 8.

63 Cárdenas, Renato; Hall, Catherine; Montiel Vera, Dante; "Los Chono y los Veliche de Chiloé". Editores Renato Cárdenas y Catherine Hall: Imprenta Olimpho. Santiago de Chile, 1991. Pág. 8.

significativos en una población son muy lentos, al acumularse progresivamente nuevos caracteres por aparición de mutaciones o por pérdida de caracteres ancestrales. Cabe aceptar, por ello, que cuando más antiguo es el asentamiento, tanto más se diferencia el individúo de sus ancestros»[64]. A partir de este razonamiento, nos señala que debería haber notables diferencias entre los asiáticos y los habitantes del Chile Austral, que habrían sido los últimos en llegar a su meta desde su peregrinar a través del estrecho de Bering[65]. A su argumentación le sirve además la diferencia cultural entre las civilizaciones que nos ocupan, lo que haría suponer que no tienen un origen común[66]. Finalmente, hace notar que si la migración asiática a las regiones más australes de Chile se hubiese producido a través del estrecho de Bering, la masa migratoria necesaria debió haber sido enorme, ya que en tan superlativo periplo, parte de aquella gente debió haber sido mermada por la muerte o haber establecido asentamientos en puntos «intermedios» de la ruta[67]. No encuentra ningún acontecimiento que justifique una migración tan masiva[68].

El Dr. Quintana nos propone una teoría diferente. Basándose en semejanzas antropomórficas (ver Elizabeth Matisoo-Smith y José Miguel Ramírez[69, 70]), en las similitudes en

---

64 Quintana Mansilla, Bernardo: "Origen del pueblo chilote. Cuentos chilotes. Ñancupel el pirata". Gráfica Andina, Puerto Montt, Chile. Pág. 60.

65 Quintana Mansilla, Bernardo: "Origen del pueblo chilote. Cuentos chilotes. Ñancupel el pirata". Gráfica Andina, Puerto Montt, Chile. Pág. 60.

66 Quintana Mansilla, Bernardo: "Origen del pueblo chilote. Cuentos chilotes. Ñancupel el pirata". Gráfica Andina, Puerto Montt, Chile. Pág. 60.

67 Quintana Mansilla, Bernardo: "Origen del pueblo chilote. Cuentos chilotes. Ñancupel el pirata". Gráfica Andina, Puerto Montt, Chile. Pág. 60.

68 Quintana Mansilla, Bernardo: "Origen del pueblo chilote. Cuentos chilotes. Ñancupel el pirata". Gráfica Andina, Puerto Montt, Chile. Pág. 60.

69 Matisoo-Smith, Elizabeth y Ramírez, José Miguel: "Human Skeletal Evidence of Polynesian Presence in South America? Metric Analyses of Six Crania from Mocha Island, Chile. Journal of Pacific Archaeology – Vol. 1, N°. 1, 2010. Págs. 76-88.

70 Ramírez, José Miguel y Matisoo-Smith, Elizabeth: "Polynesians of prehistoric times in Southern Chile: Hard evidence, new questions and a new hypothesis", CLAVA N° 7, 2008 Págs. 85-100.

los grupos sanguíneos, la geo-distribución del carácter gustativo a la *feniltiocarbamida* y similitudes lingüísticas[71], desliza la hipótesis de una migración desde China, la Polinesia y Oceanía, hasta el archipiélago de Chiloé y las costas australes de Chile[72]. Llama la atención la presencia de copihues en Nueva Zelanda y la existencia en China del tubérculo llamado en Chile batata (*Convovulus batatas*)[73]. Existe también una serie de costumbres afines, entre las que destaca el curanto, muy similar a su equivalente polinesio[74]. Por otro lado, documenta las posibles vías migratorias, haciéndonos ver desde un punto de vista geológico, tectónico, geográfico, oceanográfico y hasta antropológico, que dichas vías son más lógicas y esperables, por su viabilidad durante la regresión del período glacial, que las que afirman que se produjo a través del estrecho de Bering.

Para Cárdenas, Hall y Montiel, las migraciones transpacíficas posteriores al período glacial, que llevaron a cabo canoeros «malayo-polinésico y tal vez australianos (…) las habrían establecido pequeños grupos, de manera esporádica y en períodos tardíos, cuando América ya se encontraba poblada»[75].

Para don Bernardo Quintana, en cambio, resultaría esta última la principal vía migratoria hacia los archipiélagos del sur de Chile, aunque reconoce que es posible que también se haya dado, en forma conjunta, la otra vía propuesta.

De acuerdo con los antecedentes expuestos por el propio Dr. Quintana, no nos parece que lo planteado por Cárdenas,

---

71 Ramírez, José Miguel y Matisoo-Smith, Elizabeth: "Polynesians of prehistoric times in Southern Chile: Hard evidence, new questions and a new hypothesis", CLAVA N° 7, 2008 Págs. 85-100.

72 Quintana Mansilla, Bernardo: "Origen del pueblo chilote. Cuentos chilotes. Ñancupel el pirata". Gráfica Andina, Puerto Montt, Chile. Pág. 61-63.

73 Quintana Mansilla, Bernardo: "Origen del pueblo chilote. Cuentos chilotes. Ñancupel el pirata". Gráfica Andina, Puerto Montt, Chile. Pág. 66.

74 Quintana Mansilla, Bernardo: "Origen del pueblo chilote. Cuentos chilotes. Ñancupel el pirata". Gráfica Andina, Puerto Montt, Chile. Pág. 65.

75 Cárdenas, Renato; Hall, Catherine; Montiel Vera, Dante; "Los Chono y los Veliche de Chiloé". Editores Renato Cárdenas y Catherine Hall: Imprenta Olimpho. Santiago de Chile, 1991. Pág. 9.

Hall y Montiel, pueda ser considerada la única hipótesis significativa para el poblamiento del archipiélago de Chiloé y el austro chileno. De hecho se postula que «el proceso de adaptación y poblamiento al mundo marítimo de los canales patagónicos en lugar de ser un proceso unilineal norte-sur envuelve gran complejidad y probablemente varias modalidades que podrían explicar la diversidad, registrada y potencial, del registro arqueológico regional»[76]. Trivero plantea cuatro formas de poblamiento del archipiélago de Chiloé, por parte de los pueblos canoeros y señala que la hipótesis polinésica «es apoyada por numerosas evidencias lingüísticas y culturales»[77].

Para el Dr. Quintana, las similitudes fonéticas con las lenguas sino-tibetanas, son extraordinariamente llamativas, y de alguna manera, nos hacen pensar en una comunidad cultural entre las primeras etnias chilotas y la china. Nombres de islas como Linlín, Meulín, Cailín, Alao, Quinchao, Lemuy, Chequián, Chelín, Manao, Linao, etc., resultan sorprendentemente parecidos a vocablos chinos[78]. Entendemos que esto no es suficiente como para dar una respuesta terminante, pero la observación es al menos sugerente.

Existe otra vertiente étnica pre-hispánica fundamental para la formación de la cultura Chilota; nos referimos al pueblo veliche (o huiliche). Solo mencionado de paso por el Dr. quintana, en el libro que venimos citando, tiene una importancia capital para la formación de la cultura isleña, y el propio autor nos lo ha referido así[79]; de hecho, hoy por hoy, es la comunidad aborigen predominante en el archipiélago. Renato Cárdenas y Colaboradores lo grafican diciendo que, durante la conquista

---

76 Ocampo E., Carlos, & Rivas H., Pilar. (2004). "Poblamiento temprano de los extremos geográficos de los canales patagónicos: Chiloé e isla Navarino 1". Chungará (Arica), 36 (Supl. espect1), Págs. 317-331. https://dx.doi.org/10.4067/S0717-73562004000300034.

77 Trivero Rivera, Alberto: "Los primeros pobladores de Chiloé. Génesis del horizonte mapuche". Working Paper. Series 25. Editorial Digital Ñuke Mapu.

78 Quintana Mansilla, Bernardo: "Origen del pueblo chilote. Cuentos chilotes. Ñancupel el pirata". Gráfica Andina, Puerto Montt, Chile. Pág. 63.

79 Referencias personales: Entrevista con el autor realizada en su casa, el 20 de octubre de 2007.

española «el fundamento laboral de la encomienda lo constituirá el indígena asentado, es decir, el Veliche. Al parecer, todo intento de incorporar los Chono y a otros canoeros del sur al proceso productivo español, no resultó muy satisfactorio, ni siquiera con su establecimiento obligatorio en reducciones. Esta situación significó también que solo perviviera hasta hoy, la etnia que era laboralmente significativa para el conquistador»[80].

Narciso García, también recurre a aspectos lingüísticos para realzar la importancia huiliche en la formación de la cultura chilota, «quienes, como lo demuestran los toponímicos de muchos lugares, tuvieron bastante influencia entre la población insular»[81]. Pero «no se incluyen, claro está, las visitas e incursiones de los navegantes polinésicos, quienes también, según algunos autores, habrían influido en la formación de las características de algunos de los aspectos de la vida de los aborígenes de las islas de esta región»[82].

Como puede apreciarse, este es un matiz mucho más importante que meras cuestiones teóricas, ya que mientras el Dr. Quintana afirma la existencia de un parentesco directo de los chonos con los pueblos asiáticos y polinesios, Narciso García considera a los chonos un pueblo absolutamente diferente, que *solo* habría sido influido por dichos navegantes. Si esto fuera así, los propósitos que nos hemos propuesto resultarían más fáciles de lograr; sin embargo, la amplia documentación que aporta don Bernardo Quintana, así como también fuentes más recientes[83], nos hacen pensar de un modo diferente.

---

80 Cárdenas, Renato; Hall, Catherine; Montiel Vera, Dante; "Los Chono y los Veliche de Chiloé". Editores Renato Cárdenas y Catherine Hall: Imprenta Olimpho. Santiago de Chile, 1991. Pág. 21.

81 García Barría, Narciso: "Tesoro mitológico del archipiélago de Chiloé". Editorial Andrés Bello, Santiago de Chile, 1985. Pág. 39.

82 García Barría, Narciso: "Tesoro mitológico del archipiélago de Chiloé". Editorial Andrés Bello, Santiago de Chile, 1985. Pág. 39.

83 Roewer, Lutz y colaboradores. "Continent-Wide Decoupling of Y-Chromosomal Genetic Variation from Language and Geography in Native South Americans". PLoS Genetics. April 11, 2013.
http://dx.doi.org/10.1371/journal.pgen.1003460.

El español —«huinca», como es llamado el hombre blanco— apareció repentinamente en Chiloé en el año 1567, con la misma avasalladora sed de conquista y sometimiento que terminó siendo su sello en toda Hispanoamérica.

En aquel entonces, la población originaria del archipiélago de Chiloé estaba constituida fundamentalmente por veliches y chonos.

Recordemos que, según Narciso García, «a la llegada de los españoles al archipiélago la población aborigen estaba recién en los albores de la barbarie. Practicaba en forma muy rudimentaria ciertos cultivos (papa, maíz) y había logrado la domesticación de algunos animales (*chilihueques*) y, según algunos exploradores, también vicuñas y perros. Su alimentación era omnívora. Pero en gran parte seguía dependiendo de la producción natural de la tierra, los bosques y el mar, en una suerte de supeditación inevitable y forzosa a las contingencias del medio»[84]. Si bien esta afirmación no es del todo exacta, la aceptaremos como referente general, posponiendo esta discusión para otra oportunidad.

La llegada del español a Chiloé, con una cosmovisión y una moral distinta, con una religión cargada de dogmas (pero aún pletórica de atavismos), que necesariamente implica una elaboración más consciente del mito, hace más difícil la aproximación a las fuentes primigenias, a los contenidos más inmediatos del *inconsciente colectivo*.

Para poder centrar la mirada en aquellos mitos más cercanos al *inconsciente colectivo* inmediato, debemos realizar una cuidadosa criba que sea capaz, en la medida de lo posible, de depurar los aditamentos españoles, de tal modo que podamos acceder a los mitos propios de los pueblos primitivos que poblaron el archipiélago.

Para llevar a cabo esta empresa, nos dejaremos guiar por Narciso García Barría, quien realiza una división histórica de los

---

84 García Barría, Narciso: "Tesoro mitológico del archipiélago de Chiloé". Editorial Andrés Bello, Santiago de Chile, 1985. Pág. 31.

personajes míticos chilotes en prehispánicos e hispánicos[85], cuestión de suyo conveniente a nuestros fines. Discordamos, por razones que nos parecen lógicas, con ciertos aspectos de su clasificación.

Este autor considera como prehispánicos a las dos culebras, Caicaivilu y Tentenvilu, a la Pincoya, al Pincoy, al Camahueto y la Fiura[86]. Señala que es posible que también el Thrauco lo sea[87]. Nosotros pensamos que, dado estado de desarrollo de los pueblos isleños, el solo hecho de que el hacha de este personaje mítico fuera de piedra no se condice con un origen hispánico, ya que los conquistadores contaban con una metalurgia avanzada, que habría hecho que tal elemento fuera de hierro (por elaboración «consciente»).

Debemos agregar como prehispánico un personaje que Narciso García no considera como tal: el Millalobo, que era conocido por los chonos como Muecubu[88].

El resto de los personajes, según el autor que seguimos, deberían ser considerados hispánicos; sin embargo, manifiesta ciertas dudas respecto del Cuchivilu, ya que etimológicamente está compuesto por las palabras Cuchi, con la cual los incas denominaban al cerdo, y Vilu, que significa culebra. Como el cerdo fue introducido en América por los españoles, es esperable que el personaje fuera posterior a la llegada de los mismos[89]. Sin embargo, el mismo Narciso García, plantea la hipótesis de que es posible «que hubiese existido algún otro

---

85 García Barría, Narciso: "Tesoro mitológico del archipiélago de Chiloé". Editorial Andrés Bello, Santiago de Chile, 1985. Pág. 51.

86 García Barría, Narciso: "Tesoro mitológico del archipiélago de Chiloé". Editorial Andrés Bello, Santiago de Chile, 1985. Pág. 52.

87 García Barría, Narciso: "Tesoro mitológico del archipiélago de Chiloé". Editorial Andrés Bello, Santiago de Chile, 1985. Pág. 52.

88 Cárdenas, Renato; Hall, Catherine; Montiel Vera, Dante; "Los Chono y los Veliche de Chiloé". Editores Renato Cárdenas y Catherine Hall: Imprenta Olimpho. Santiago de Chile, 1991. Pág. 240.

89 García Barría, Narciso: "Tesoro mitológico del archipiélago de Chiloé". Editorial Andrés Bello, Santiago de Chile, 1985. Pág. 52.

animal parecido al "cuchi", como el tapir u otro»[90]. Pensamos que es poco probable que se usara una palabra incásica para designar a un animal para el cual los españoles tenían ya un nombre, a menos que el cerdo haya llegado hasta los isleños a través de los mapuches, que tuvieron contacto con los incas. Pero resulta difícil de creer tal difusión del cerdo (o más bien de la palabra Cuchi) en 75 años, dado los avances bélicos que realizaban los conquistadores españoles, los cuales, hay que insistir en ello, tendrían que haber impuesto sus propios vocablos por sobre los incásicos. De este modo, aunque no se resuelve el problema, el nombre de este personaje mítico pareciera hacer alusión a otra cosa. De hecho, en mapudungun, la palabra tiene su equivalente en los vocablos *sañwe, sañue, sancho*[91] (esta última pudiera corresponder, si apelamos tan solo a una similitud fonética, al término chancho, del castellano, aunque la influencia pudiera ser inversa).

Nos llama además la atención el personaje denominado Butamacho: según Heriberto Bahamonde Tejeda, es la denominación que se da al brujo mayor. El término es una palabra mixta, compuesta del vocablo buta, que significa grande y la palabra castellana, macho[92]. Si el personaje fuera de origen hispánico, ¿por qué no hablar sencillamente del «gran brujo» o «brujo mayor»? Más relevante, empero, es destacar la necesidad de subrayar el hecho de que el gran brujo, el brujo mayor, debía ser macho. ¿Por qué se castellanizó el mito de esta manera? ¿Es dable pensar, acaso, que a la llegada de los españoles, la institución de la brujería haya sido al menos mixta, sino completamente femenina? Pensemos que la brujería chilota no es igual a la europea; más que un estigma demoníaco, se

---

90 García Barría, Narciso: "Tesoro mitológico del archipiélago de Chiloé". Editorial Andrés Bello, Santiago de Chile, 1985. Pág. 52.

91 "Diccionario Mapuche: Mapudungún". Editorial Musigraf, Temuco, Segunda edición, Chile, 2006. Pág. 166.

92 Bahamonde Tejeda, Heriberto: "Glosario de los brujos". Master Print, Ltda. Corporación Cultural de Puerto Montt. Municipalidad de Puerto Montt, Chile. 2004. Pág. 54.

constituye en casta de seres poderosos, que tienen el poder de hacer el mal, pero también el de curar. ¿No se trataría entonces de machis? Esto no resultaría extraño, dado que el estadio de desarrollo del archipiélago durante el período prehispánico se correspondería con la institución social del matriarcado. De hecho, hasta el día de hoy, existen en isla Quenác, isla Lemuy y algunos sectores cercanos a Castro, comunidades con clara organización matriarcal.[93] Si así fuera, la brujería sería de raigambre isleña, aun cuando pudiera estar muy amalgamada con, y transformada por, la del viejo mundo. Con un par de diferencias llamativas, en las que vale la pena insistir: las brujas, en Europa, son mayoritariamente mujeres, mientras en Chiloé, los brujos son varones; la brujería europea está signada por el mal, mientras la brujería chilota es más ambivalente: participa de lo demoniaco, pero puede ser benefactora, y en todo caso, pareciera preservar cierta sabiduría de la que no participan los profanos. En Europa las brujas parecieran ser no solo unos seres serviles al demonio creado por el maniqueísmo cristiano, sino también, en cierta forma, resabios del paganismo (Morgana Le Fay, las hadas), que resultan mucho menos maléficas o incluso benéficas, y de este modo, más cercanas a la machis chilotas (y no solo chilotas, sino también mapuches), paganas, prehispánicas, y obviamente, precristianas. ¿Pudo ser tan grande su prestigio que el espanto patriarcal del conquistador se vio obligado a transmutar el mito, aportando sus propios contenidos a la brujería, de modo de que se acomodara mejor a su visión de mundo? No pensamos, claro está, en trasmutaciones conscientes y mucho menos premeditadas.

Considerando estos antecedentes, no sería descabellado pensar que la brujería chilota contiene uno o varios sincretismos, y que en todo caso no es hispánica ni aborigen, sino mestiza.

---

93 Comunicación personal. Cárdenas, Luís, arqueólogo aficionado, quien participó en el levantamiento arqueológico del sur chileno, desde la provincia de Valdivia hasta el archipiélago de las Guaitecas.

Sin duda dichos aspectos nos resultan fascinantes, pero, para no alejarnos demasiado de nuestro tema, nos vemos obligados a no ahondar en su análisis, y ocuparnos de tres de los mitos más claramente prehispánicos.

Segunda parte

LAS SERPIENTES TELÚRICAS

El archipiélago de Chiloé se habría formado, de acuerdo con la leyenda, a partir de la lucha de dos serpientes: Caicaivilu y Tentenvilu. Caicai, la serpiente que odia a los hombres y representa al mal, gobierna las aguas, las hace agitarse, violentarse, crecer e inundar los valles, consiguiendo que el mar se adentre en tierra firme, provocando muerte y destrucción; los campos desaparecen, los animales se pierden entre las olas, las chozas zozobran y los hombres se ahogan en medio de lamentos desesperados. Tentenvilu, la serpiente buena, que gobierna la tierra, lucha desesperadamente con Caicai y logra elevar las puntas de los cerros, formando las islas del archipiélago y salvando de este modo a los hombres y animales de la inminente extinción. Después de noches y noches de fiera lucha, las aguas se aquietan, pero no retroceden; se produce un nuevo equilibrio y un mundo nuevo. Caicai se retira esperando un momento más propicio para sus fines[94].

Llama la atención que este relato, aparte de ser una cosmogonía (o si se quiere, una segunda cosmogonía), resulta bastante cercano al mito del diluvio, cuyos héroes son Atra-

---

94 García Barría, Narciso: "Tesoro mitológico del archipiélago de Chiloé". Editorial Andrés Bello, Santiago de Chile, 1985. Págs. 57-58.

Hasis y Utnapishtim, entre los babilónicos[95], Ziusudra, entre los sumerios[96], Noé entre los judíos[97] y entre los chinos, Gun y su hijo Yu, quien controló a las aguas[98].

Entre los chinos hay otra versión de esta lucha de fuerzas contrarias, en la que el dios obrero Gong Gong agitó las aguas del mundo para que fueran a estrellarse contra la barrera celeste, lo que casi produce un retorno al caos, a no mediar la intervención de la diosa que Nü Gua, que controló el desastre[99].

En la leyenda Chilota el *Héroe* no es humano; pero el arquetipo puede rastrearse en al menos dos formas: como serpiente (Tentenvilu), que luego de una ardua lucha logra derrotar al caos, representado por Caicai, y como el *Héroe* divino Nguenechén. Es necesario señalar, con respecto a Tentenvilu, que «para el hombre primitivo y para lo inconsciente, su aspecto animal no implica un demérito, ya que en un cierto sentido el animal es superior al hombre. Aún no se ha extraviado en el laberinto de su conciencia»[100].

De este modo, durante muchas jornadas, el destino del mundo estuvo en las manos, si es posible el aserto, de dos serpientes que luchaban ferozmente. La mediación del dios Nguenechén logró romper el equilibrio a favor de Tentenvilu, con lo que, en última instancia, se revela como un *Héroe* divino. De esta forma, la humanidad es salvada de la destrucción. El orden se restablece ante la emergencia de lo inconsciente.

95 Cotterel, Arthur (compilador general): "Enciclopedia de la mitología universal", Parragón, Barcelona, España, 2004. Pág. 20.

96 Cotterel, Arthur (compilador general): "Enciclopedia de la mitología universal", Parragón, Barcelona, España, 2004. Pág. 20.

97 Cotterel, Arthur (compilador general): "Enciclopedia de la mitología universal", Parragón, Barcelona, España, 2004. Pág. 33.

98 Cotterel, Arthur (compilador general): "Enciclopedia de la mitología universal", Parragón, Barcelona, España, 2004. Pág. 182.

99 Cotterel, Arthur (compilador general): "Enciclopedia de la mitología universal", Parragón, Barcelona, España, 2004. Pág. 182.

100 Jung, Carl Gustav: "Los arquetipos y lo inconsciente colectivo". Editorial Trotta, Madrid, España, 2002. Pág. 214.

Tentenvilu, el *Héroe* terreno y terrenal, no se encuentra emparentado con el género humano y tampoco resulta claro su origen divino. Es como si la titánica lucha entre las fuerzas representadas o proyectadas en ambas serpientes, fuera la continuación de circunstancias previas, que en la leyenda no resultan aclaradas. De hecho, «Caicaivilu, la serpiente perversa, había despertado de su sueño milenario con furia inaudita»[101].

Esto no implica renunciar a nuestra interpretación, sino que más bien aporta más fuerza a la misma, sobre todo si nos atenemos a que el inconsciente es atemporal y bien pudo haber un episodio anterior en el que el inconsciente de estos pueblos proyectara también estos contenidos del *inconsciente colectivo*; es más, es posible rastrear estos elementos en la leyenda de Licarayén, quizá la leyenda más importante de los huiliches continentales.

Si avanzamos algo más en el análisis, veremos que la lucha termina y el orden y la (nueva) tranquilidad retornan en la medida en que se restablece el equilibrio entre lo femenino y lo masculino. *Ánima* y *Ánimus*, arquetipos que nos recuerdan el Yin y el Yang, el mal y el bien, lo destructor y lo conservador (o, si se quiere, lo [re] creador), el lado izquierdo y el derecho, lo oscuro y lo claro, la sombra y la luz, la noche y el día, etc., y obviamente, lo húmedo y lo seco.

Para Jung, lo inconsciente, como la serpiente Caicai, se encuentra «como animal inferior vivo, oculto en la profundidad del agua»[102]. La violenta inundación bien pudiera resultar la proyección de arcanos demonios internos, de un inconsciente desbocado, descontrolado; una continuidad en la naturaleza de la vida interior salvaje, no domada del *self*. Una evidencia concreta, tangible, terrorífica, de los peores sueños de esos individuos inermes, sin una conciencia capaz de reprimir y

---

101 García Barría, Narciso: "Tesoro mitológico del archipiélago de Chiloé". Editorial Andrés Bello, Santiago de Chile, 1985. Pág. 57.

102 C. G. Jung: ""Lo inconsciente en la vida psíquica normal y patológica". Editorial Losada, Buenos Aires, Argentina. Pág. 79. Pág. 83.

controlar los oscuros territorios del alma colectiva. El hombre, su inconsciente, es uno con lo fenoménico, no hay distinción posible… En cierto modo, la realidad externa no existe sino en tanto proyecta contenidos anímicos. ¿Qué mayor tragedia entonces que aquella que proyecta la erupción de lo inconsciente, su arremeter desquiciador en la vida de ese pueblo? Se trata de la emergencia de lo oscuro, lo oculto, como la sierpe agazapada en el agua, en ese océano umbrío, que se encabrita, ruge, se agiganta y se desboca, arrasando con lo que mantiene enhiestos a los hombres, lo seco, lo firme: la conciencia. Pero la conciencia en los primitivos seres que poblaban las islas, debe haber sido precaria, infantil, apenas ilusorios diques sobre médanos de ensueño. Conciencia incapaz de contener lo inconsciente…. Aquel vendaval desatado de los sueños y las pesadillas, que eran contenidos a duras penas en el alma de cada ser, y que al desbordarse se tornaron amenazantes, aterradores, destructivos y ajenos… Y al eclosionar como ajenos, enajenaron las almas de aquellos seres desesperados. Todo era caótico, incontrolable e irreconocible. Las precarias transacciones del Eros y el Logos resultaron arrasadas; el alma de cada hombre y cada mujer zozobró… Hasta que la luz del día, los albores de la ratio, lograron una conciencia insular, pletórica de pétreas cordilleras y fiordos insondables.

La lucha de esas almas, se proyectó en la titánica lid, furiosa y despiadada, entre Caicaivilu y Tentenvilu. No hubo tregua. Era una lucha eterna, que se medía en incontables jornadas lunares. En el lecho de la noche sempiterna, Caicaivilu acechaba, esperando un mejor momento para atacar. Caicaivilu, quien ya había despertado de un sueño milenario en el fondo del mar.

Del otro lado, la antítesis, Tentenvilu, también despertó de un sueño, en su caso, plácido, en su lecho cordillerano[103]. ¿Es

---

103 García Barría, Narciso: "Tesoro mitológico del archipiélago de Chiloé". Editorial Andrés Bello, Santiago de Chile, 1985. Pág. 57.

acaso este despertar el conjuro de la conciencia? ¿El poderoso látigo que mantiene a raya a los demonios? Pareciera que sí.

Pero, ¿cuán poderoso era? ¿Era capaz de resistencia frente a un adversario tan avasallador?

La lucha —nos advierte Narciso García— se prolongó «lunas y lunas»[104]. Aunque el inconsciente es atemporal, en un sentido simbólico podemos señalar que el tiempo en que transcurre la mítica lucha se mide en términos femeninos, en la medida en que se asocia a los ciclos lunares —menstruales—, a la noche, lo oscuro, lo misterioso, en definitiva, lo uterino, la oquedad inefable del origen —el origen acuático (amniótico) del hijo, y oceánico de la especie y de la vida. Quizá por eso Tentenvilu necesitó de la ayuda de Nguenechén, el *Héroe* divino. Si bien sabemos que a Caicaivilu lo apoya Guecufú, su presencia en la leyenda parece ser más débil, como lo sugiere el hecho de que en el «Libro de la Mitología…» no sea vinculado claramente con éste[105]. Sin embargo, el mismo autor, en un libro previo, hace directa mención al vínculo entre Guecufú y Caicaivilu[106]. Creemos que la falta de consistencia en este sentido puede deberse a la diferencia de las fuentes con que contó y la vertiente étnica que primó en las mismas.

Por otra parte, si consideramos la secuencia de los eventos, advertiremos que quien primero despierta es Caicaivilu, la serpiente que señorea en las oscuras profundidades marinas. Es la *Madre* primigenia. Jung cita al mar entre las formas que adopta la *Madre* arquetípica[107] —aunque, si queremos ser justos, deberíamos decir *la* mar. Distingue en este arquetipo dos

---

104 García Barría, Narciso: "Tesoro mitológico del archipiélago de Chiloé". Editorial Andrés Bello, Santiago de Chile, 1985. Pág. 58.

105 Cárdenas Álvarez, Renato: "El libro de la Mitología: historias, leyendas y creencias mágicas obtenidas de la tradición oral." Editorial Atelí y Cia., Ltda.,, Punta Arenas, Chile, 1998. Pág. 72.

106 Cárdenas, Renato; Hall, Catherine; Montiel Vera, Dante; "Los Chono y los Veliche de Chiloé". Editores Renato Cárdenas y Catherine Hall: Imprenta Olimpho. Santiago de Chile, 1991. Pág. 239.

107 Jung, Carl Gustav: "Los arquetipos y lo inconsciente colectivo". Editorial Trotta, Madrid, España, 2002. Pág. 78.

aspectos, uno positivo, favorable, y uno negativo, nefasto.[108] De esta forma, sus propiedades, pueden ser tanto lo destructivo, como «lo bondadoso, protector, sustentador, lo que da crecimiento, fertilidad y alimento; el lugar de la transformación mágica, del renacer»[109].

En la leyenda, quizá sujeta a elaboraciones distorsionadoras, no parece que hubiese nada de eso; pero, si observamos con atención, no podemos sino darnos cuenta de que «las aguas introducidas en los valles por Caicaivilu, dieron lugar a la formación de los golfos, canales y fiordos»[110]. Aguas que ocultan la serpiente del inconsciente, aguas que son el inconsciente, que se revuelven tempestuosas, al son de las sacudidas de la sierpe. La identidad que se establece entre la creación de vida y la destrucción, como así también con la mujer e insoslayablemente con la *Madre*, puede observarse por simple concatenación, o aun por transitividad, si tenemos en cuenta, más allá de nuestras propias cavilaciones, otras citas de Jung, como aquella que reza: «Las "mujeres del mar", o sea, figuras femeninas, (...) representan en cierto modo el inconsciente en forma de mar y olas marinas [y] la serpiente —[como otros] primitivos animales de sangre fría— simbolizan lo que el inconsciente tiene de instintivo»[111].

Ínsita en la leyenda existe una verdad que no puede ser soslayada: si consideramos que el inconsciente es atemporal y la lucha entre Caicaivilu y Tentenvilu duró «lunas y lunas», necesariamente colegiremos que dicha lucha aún está presente en el psiquismo y que solo la elaboración mediata, en términos gramaticales, obliga a una narración sujeta a la temporalidad. Y no solo nos referimos a la comunicación de una experiencia

---

108 Jung, Carl Gustav: "Los arquetipos y lo inconsciente colectivo". Editorial Trotta, Madrid, España, 2002. Pág. 79.

109 Jung, Carl Gustav: "Los arquetipos y lo inconsciente colectivo". Editorial Trotta, Madrid, España, 2002. Pág. 79.

110 García Barría, Narciso: "Tesoro mitológico del archipiélago de Chiloé". Editorial Andrés Bello, Santiago de Chile, 1985. Pág. 58.

111 Jung, Carl Gustav: "Psicología y alquimia", Plaza y Janes Editores, Barcelona, España, 1989. Pág. 106.

inasible en términos de palabras, sino también la irrupción de la noción de temporalidad en la mente infantil a través de la adquisición del conocimiento.

El paso de la tradición oral de generación en generación, a través y a partir de las mismas, seguramente ha contribuido a la imagen temporal de una lucha que en tiempos primigenios debió ser continua y, de algún modo, eterna. Eternidad dormida, en todo caso, como catástrofe ofídica en las oquedades marinas; temor atávico a esa *Madre* que nutre día a día, esperando su tiempo lunar.

No sabemos a ciencia cierta si el cataclismo en el que se asienta el mito realmente existió. Narciso García acepta dicha posibilidad basándose en la toponimia. A este respecto cita términos huiliches como Llanquihue, que se compone de los vocablos «"llanquín," que quiere decir "sumergirse, perderse, hundirse", y la terminación "hue", equivalente de lugar. En cuanto a Reloncaví, está integrado por los vocablos "rülón", cuyo significado es "zanjón" o depresión profunda, y "cahuín", que quiere decir "reunión"»[112]. Otra evidencia a favor de la existencia del cataclismo la encuentra en la leyenda que nos ocupa, como así también en la de la princesa Licarayén[113]. Pensamos que la evidencia es insuficiente, aunque no desechable. Sin embargo, para nuestros propósitos, no resulta tan importante, ya que tanto el lenguaje como las leyendas pueden considerarse proyecciones, más o menos mediatas, del inconsciente. A este respecto, Jung señala que «el hombre primitivo es de una subjetividad [tan] extraordinaria que (...) su conocimiento de la naturaleza es esencialmente lenguaje y revestimiento exterior del acontecer anímico inconsciente»[114].

---

112 García Barría, Narciso: "Tesoro mitológico del archipiélago de Chiloé". Editorial Andrés Bello, Santiago de Chile, 1985. Pág. 20.

113 García Barría, Narciso: "Tesoro mitológico del archipiélago de Chiloé". Editorial Andrés Bello, Santiago de Chile, 1985. Pág. 19.

114 Jung, Carl Gustav: "Los arquetipos y lo inconsciente colectivo". Editorial Trotta, Madrid, España, 2002. Pág. 7.

Un poco de mitología comparada deja en evidencia que no es necesario «husmear» en la existencia o no de un fenómeno telúrico que explique la leyenda, sino que es necesario aceptar que el *inconsciente colectivo* «aprovecha» cualquier evento, grande o pequeño, para proyectar sus contenidos. Lo mismo puede ser un pozo, una laguna encantada, o un diluvio, una inundación o un maremoto. Como ilustración, señalaremos que en la mitología china existen al menos cuatro versiones de la catástrofe de la inundación del mundo, dos de las cuales hemos mencionado más arriba.

Un aspecto importante es que en ninguna de ellas la inundación aparece como castigo divino, lo que más o menos se corresponde con el mito telúrico de Caicai y Tentenvilu; un solo autor de entre los consultados señala que «la envidia y el odio entre tribus atisbó por entre los primeros cercados.

»Al hombre ya no le bastó en esta etapa una sola mujer en su ruca. Buscó en la poligamia, más que la satisfacción del sexo, la manera de disponer en forma segura y permanente de un buen número de manos para la atención de las nacientes necesidades vitales impuestas por su incipiente condición de cultivador y criador.

»De este modo, con tales pases evolutivos y progresistas era de esperar que la abundancia hiciera la felicidad de las tribus diseminadas en la vasta zona austral del país. Sin embargo, no fue así. Grandes calamidades la azotaron tal vez como castigo por haberse infringido viejas normas largo tiempo en uso dentro de la comunidad y consolidadas por la tradición»[115].

Creemos que lo afirmado por Narciso García, no pasa de ser una hipótesis producto de una visión judeocristiana del mito. No queremos afirmar con esto que las poblaciones aborígenes no tuvieran un sentido (no un concepto) de culpa frente a determinados sucesos, sobre todo si consideramos el ámbito de la sexualidad, en que la asociación de fenómenos por

115 García Barría, Narciso: "Tesoro mitológico del archipiélago de Chiloé". Editorial Andrés Bello, Santiago de Chile, 1985. Pág. 57.

continuidad, si es que no por causalidad, pudieran haber generado cierto horror frente a conductas que incluso pudieron ser parte de la su vida cotidiana y que fueron proyectadas en mitos, que para muchos hoy resultan pintorescos. Sin embargo, dichas formaciones debieron adquirir la forma de tabú, más al modo de la adquisición de un *superyó*, como parte del *inconsciente personal* y no tanto como proyecciones inmediatas del *inconsciente colectivo*. Nos aventuramos, empero, a señalar que las mismas debieron asentar en arquetipos como el de la *Madre* (*Madre mala*, *Madre buena*), el *Viejo sabio*, el *Niño*, etc. Su proyección en machis, brujos, malformados, enfermos y contrahechos, debió resultar en un horrible Edipo, que solo pudo ser sorteado con un temple único, adquiriéndose así una ley (¿materna?) implacable.

Pero ¿fue esa ley la que se violó? ¿Fue a raíz de eso que los hombres fueron castigados con el cataclismo mítico?

No es algo fácil de dirimir. Hay acontecimientos históricos más graves que los citados por Narciso García, en los que pudieron asentar las primitivas prohibiciones; es posible incluso que el arquetipo proyectado fuera el del *Ánima*. Ya veremos cómo.

Comenzaremos diciendo que la sociedad en que se generaron estos mitos debió ser –probablemente– matriarcal. Los modos de reproducción de la vida material apuntan en este sentido, al menos en lo que se refiere a la vertiente Chono. Sin embargo, producto de la práctica del buceo, la proporción de hombres era claramente mayor que la de mujeres, y ese solo hecho amenazaba de extinción a esos grupos humanos; esta cuestión, que mirada someramente, pudiera parecer un asunto meramente práctico entre isleños y canoeros, solo pudo ser resuelta por medio del sometimiento forzado de las mujeres ajenas, y por lo tanto, por la lucha violenta entre los hombres. Incluso en la «segunda mitad del siglo XVII los chono [incursionaban] en Chiloé irrumpiendo en las islas más apartadas de la provincia en busca de botín. El objetivo era robar instrumentos de fierro, ponchos, piraguas, alimentos diversos, ganado ovejuno, etc... *pero, sobre todo, raptar mujeres para compensar la desproporción de sexos en que vivían*, a causa de la práctica del buceo de éstas que limitaba sus expectativas de vida»[116]. Si esto ocurría tan avanzada la colonización española, no es descabellado pensar que fuera aún más angustiante en épocas más pretéritas.

Ahora bien, no debe pensarse que apuntamos al aspecto concreto y práctico de este problema, sino que nos interesa resaltar lo difícil que fue la existencia de los primeros habitantes de las islas australes, para quienes no debió existir solución de continuidad entre la vida psíquica y la vida material. De este modo, en una sociedad en que las mujeres desempeñaban actividades tan vitales como las del buceo y eran además las dueñas de la progenie (los hijos solo les pertenecían a ellas, el padre era incierto), su escaso número necesariamente implicaba un monto de poder y por lo tanto, un conflicto psíquico que debe haber ido acompañado –al menos entre los hombres– por un malestar tal que pudo llevar a la proyección del arquetipo de la *Madre Mala* (que domina, castiga, priva) en desmedro de la *Madre Buena* (que da vida, alimento, alegría). De algún modo, el poder de serlo todo, o casi todo, adquiría la forma de un desequilibrio genérico tal que los demonios desatados del inconsciente solo pudieron ser calmados en un inevitable (¿pasaje al?) acto: la dominación de la mujer extranjera, que además restaba poder a las propias. ¿Fue esta transformación social un cataclismo aún mayor que el impuesto por la tierra? Solo podemos conjeturarlo; sin embargo, creemos que lo referido no hace más que proyectar la omnipresente lucha entre *Ánima* y *Ánimus*, aunque sería más correcto hablar de la sempiterna búsqueda de su equilibrio.

Ahora bien, ¿cómo dicho tránsito histórico pudo tener tanta fuerza como para representar, no solo la revolución que

---

116 Urbina Burgos, Rodolfo: "Los chonos en Chiloé: Itinerario y aculturación. Chiloé: Revista de divulgación del Centro Chilote, N° 9, Concepción, Chile. 1999. Pág. 34.

debió ser, sino sobre todo, servir de asiento a una proyección del inconsciente?

No conservamos relatos de la epopeya ni mitos épicos lo suficientemente diáfanos (al menos para nuestra mentalidad racional). Pero si recurrimos a la leyenda de Caicaivilu y Tentenvilu, este asunto nos parece un poco más claro. Hemos afirmado más arriba que no existe en este mito *Héroe* humano; sin embargo, también hemos señalado que en esta lucha dantesca encontramos los arquetipos de *Ánima* y *Ánimus*, pero no solo en la antítesis Caicaivilu-Tentenvilu, sino también respecto a las parejas de éstos. El motivo de las parejas es bastante frecuente en la mitología universal y no creemos necesario abundar aquí en ejemplos que el lector seguramente conoce.

Caimalquén es la esposa de Caicaivilu[117]. Este hecho es de suyo interesante, toda vez que hasta aquí, en este personaje, hemos encontrado más contenidos arquetípicos femeninos que masculinos. Es necesario suponer entonces un estremecedor desequilibrio, en el que el *Ánima* está predominando en forma casi absoluta. Ahora bien, viendo al matrimonio mítico como una unidad, a modo de un andrógino, nos daremos cuenta de que el papel de Caimalquén en el mito es prácticamente irrelevante. Nuevamente un desequilibrio entre *Ánima* y *Ánimus*, pero esta vez con el predominio de lo masculino, que a su vez está «poseído» por lo femenino. Un verdadero juego de íncubos y súcubos, en el que finalmente predomina un Eros desbocado, la marejada del inconsciente. La confusión puede resultarnos difícil de aceptar en tanto la conciencia nos tiene acostumbrados a catalogar, analizar y hasta desmenuzar los fenómenos naturales, llegando incluso a hacérnoslos irreconocibles. Esto es aún más cierto para los contenidos del *inconsciente personal*, pero sobre todo para los del *inconsciente colectivo*, de los cuales, sencillamente nos desentendemos. No toleramos la

---

117 García Barría, Narciso: "Tesoro mitológico del archipiélago de Chiloé". Editorial Andrés Bello, Santiago de Chile, 1985. Pág. 60.

contradicción, la coexistencia de lo (aparentemente) excluyente, la atemporalidad, la condensación, etc. El Logos predomina en nuestra conciencia, así como lo anímico lo hace en el hombre primitivo.

Pero aún podemos avanzar más en el terreno de lo simbólico. Ateniéndonos a que la Serpiente Caicai, esa *Madre* terrible que lo inundó todo, esta sierpe violenta y descontrolada, no es un personaje femenino sino que por el contrario –y aquí está lo maravilloso– es un ser masculino; ateniéndonos, decíamos, a dicha circunstancia, nos resulta evidente que su furia no representa solo el caos de un inconsciente en estampida, sino además y al mismo tiempo, es la emergencia abrupta de lo viril desde las profundas aguas de un inconsciente femenino, en las que dormía –esperando– la pérfida serpiente; vale decir, desde el útero materno, desde las aguas oscuras de la vida primigenia, surge la enorme serpiente que deviene en lanza, en espada... en falo (discúlpesenos la licencia). Y el desequilibrio explota con furia telúrica: las aguas penetran, desfloran, mojan e inundan.

Por otra parte, Tentenvilu dormía plácidamente en la cordillera, vale decir, en la dura roca, en las cumbres alzadas, en las puntas... Pero al ver la amenaza del agua desbordada, defiende, cobija, rescata, recrea... Cumple entonces la función de *Ánima*, más aún, en tanto en cuanto es receptora del agua que la penetra, es fecundada en fiordos y canales, se convierte en cáliz, en matriz... Pero también levanta los promontorios, las lomas, las cumbres, restableciendo el equilibrio... Las analogías con la cópula son evidentes. Al final de la lucha, los desequilibrios de lo masculino en lo femenino son equilibrados mediante la emergencia de lo femenino en lo masculino...

Jung señala que «muchos de los problemas (...) del ser humano y de la cultura derivan de una falta de integración de este par de funciones arquetípicas»[118]. La lucha entre ambas

118 De Castro, Juan: "Introducción a la Psicología de Carl Gustav Jung". Ediciones Universidad Católica de Chile, Santiago, 1993. Pág. 56.

serpientes constituye, sin duda, la proyección mítica de esta falta de integración.

En la bibliografía revisada no encontramos mención respecto de la pareja de Tentenvilu. Podemos atribuirlo a un desmerecido «olvido» que pudo producirse en cualquier «descanso» del largo periplo de la tradición oral. Sin embargo, si hubiese sido así, aquello nos hablaría de la debilidad de aquel ignoto personaje en la pareja de contrarios, lo que implicaría un avasallador predominio del Logos.

La prueba de que esta cuestión no se limita tan solo a un paralelo entre la leyenda y la vida material; está en la constatación de mitos similares en otros pueblos, como «los chibchas y muiscas, por ejemplo, [en que] el bien está encarnado por el poderoso y justiciero Bochita, divinidad paternal; y el mal, por la propia esposa de éste, quien al igual que Caicaivilu, inunda el valle bogotano, acción por la cual su esposo la repudia, condenándola a errar eternamente en el universo, convertida en Chie, la luna solitaria»[119].

Volviendo a la afirmación de Narciso García acerca del supuesto castigo que habría significado la catástrofe telúrica, debemos hacer notar que si se lee con detención el párrafo citado, nos percataremos de que usa —muy prudentemente, por cierto— la expresión «tal vez» («grandes calamidades (...) azotaron [la zona austral] *tal vez* como castigo por haberse infringido viejas normas largo tiempo en uso dentro de la comunidad y consolidadas por la tradición»[120]); desgraciadamente, no aporta referencia alguna que sustente su aserto. Por otra parte, en la leyenda del sacrificio de Licarayén, (leyenda que aunque telúrica, es claramente continental), el pueblo mapuche fue sometido a catástrofes que nada tienen que ver con un castigo, sino más bien con la maledicencia del Pillán.

---

119 García Barría, Narciso: "Tesoro mitológico del archipiélago de Chiloé". Editorial Andrés Bello, Santiago de Chile, 1985. Pág. 60.

120 García Barría, Narciso: "Tesoro mitológico del archipiélago de Chiloé". Editorial Andrés Bello, Santiago de Chile, 1985. Pág. 57.

En concordancia, no es posible afirmar que la inundación tuviera que ver con castigo alguno, sino más bien con la irrupción de lo inexplicable, del miedo atávico a la emergencia de las fuerzas del inconsciente, que se proyectan y confirman en un probable fenómeno de una naturaleza incontrolable, una *Madre* cruel y generosa, ensueño y pesadilla, en la cual lo húmedo y lo seco están en constante lucha, y en la que quizá no hubo tales conceptos de perversa (Caicai) ni bondadosa (Tentenvilu), sino que se trató de un cataclismo que la conciencia no pudo siquiera aprehender, mucho menos controlar, de no mediar las figuras arquetípicas del *Héroe* y del *Ánimus*, pero solo en la medida en que lograron un equilibrio; sin embargo, esta lucha debió vivenciarse como monstruosa, sin parangón, una catástrofe en la que solo quedaba aferrarse a todo lo que pudiera flotar, para alcanzar los pequeños islotes que emergieron del caos.

Una parte menos conocida del mito es la vertiente mapuche o huiliche, que señala que en su lucha Tentenvilu fue auxiliado por Nguenechén y que Caicaivilu tuvo la ayuda de Guecufú[121, 122]; en este sentido, Cárdenas, Hall y Montiel, señalan que el mito tendría una mayor complejidad y derivaría de otras fuentes[123]. Pero si nos remitimos solo a este aspecto, dicha información no hace sino situarnos en un plano más «alto» para proyectar lo que ya se hacía eficientemente al recurrir solo a Caicaivilu y Tentenvilu. Quizá esto aluda de algún modo al arquetipo del *Doble Nacimiento*: en un sentido oscuro, tanto el *Héroe* como su contraparte representan en realidad fuerzas divinas. Si el primitivo chilote proyectaba su inconsciente en las temibles serpientes, apelaba también a ser hijo de dioses. Antes

---

121 García Barría, Narciso: "Tesoro mitológico del archipiélago de Chiloé". Editorial Andrés Bello, Santiago de Chile, 1985. Pág. 58.

122 Cárdenas, Renato; Hall, Catherine; Montiel Vera, Dante; "Los Chono y los Veliche de Chiloé". Editores Renato Cárdenas y Catherine Hall: Imprenta Olimpho. Santiago de Chile, 1991. Pág. 239.

123 Cárdenas, Renato; Hall, Catherine; Montiel Vera, Dante; "Los Chono y los Veliche de Chiloé". Editores Renato Cárdenas y Catherine Hall: Imprenta Olimpho. Santiago de Chile, 1991. Pág. 239.

de la lucha que entablan, las serpientes dormía un sueño milenario: ¿la resurrección?

Debemos realizar, empero, dos consideraciones; la primera es que no resulta inverosímil pensar que una parte importante del mito se hubiese perdido en las brumas del tiempo, por los enmarañados laberintos de la tradición oral, que a menudo nos lleva a callejones sin salida, sin Teseo y sin hilo para poder volver atrás. La otra, y quizá la más interesante, es la constatación de que en la versión huiliche aparece un elemento que resulta de suyo enriquecedor, pero que al parecer el panteón actual ha olvidado: «las versiones mapuches señalan que Threng-Threng aconsejó a los sobrevivientes que ofrendaran a un niño como muestra de agradecimiento por su salvación»[124].

El Arquetipo del *Niño*. ¿Cómo no advertir la semejanza con el mito del niño Jesús? El infante sacrificado, inmolado a causa, o más bien para, la salvación de los hombres. No olvidemos que Caicaivilu se retira para esperar el momento propicio para volver a atacar. Persiste, en potencia, el peligro de la emergencia descontrolada de lo inconsciente. La muerte del niño podría implicar la entrada en el reino de una nueva cualidad anímica.

«El niño –dice Jung– es (…) *renatus in novam infantiam*. Entonces, no es solo un ser inicial, sino también final. El ser inicial era antes del hombre, y el ser final después del hombre»[125]. El niño de nuestra leyenda, que simboliza lo inicial por el solo hecho de ser niño, también es un niño final, toda vez que aparece luego que la lucha de los opuestos, de las fuerzas antagónicas, ha terminado. Es, por tanto, un renacimiento; pero un renacimiento frágil, en tanto en cuanto, el niño debe ser sacrificado en agradeciendo: ¿Para renacer?

Luego del cese del cataclismo, en el nuevo equilibrio que se establece, el arquetipo del *Niño* debió servir muy bien para

---

124 Cárdenas, Renato; Hall, Catherine; Montiel Vera, Dante; "Los Chono y los Veliche de Chiloé". Editores Renato Cárdenas y Catherine Hall: Imprenta Olimpho. Santiago de Chile, 1991. Pág. 239-240.

125 Jung, Carl Gustav: "Los arquetipos y lo inconsciente colectivo". Editorial Trotta, Madrid, España, 2002. Pág. 165.

proyectar el alma de los primitivos habitantes de las islas. En este sentido Jung señala que «el hombre primitivo tiene tantos elementos anímicos fuera de la conciencia que la experiencia de algo psíquico situado fuera de él mismo le resulta mucho más normal que a nosotros. La conciencia a la que por doquier protegen y apoyan o amenazan y engañan fuerzas psíquicas es experiencia primigenia de la humanidad. Esta experiencia se ha proyectado en el arquetipo del Niño, que expresa la totalidad del hombre. En lo desvalido y abandonado y a la vez lo divino y poderoso»[126]. Demás está decir que dichas fuerzas psíquicas protectoras podrían estar simbolizadas por Tentenvilu, y las amenazantes, por Caicaivilu, y que el *Niño* muestra frente al sacrificio, el mismo desvalimiento del hombre frente a la lucha titánica que formó el mundo ante sus ojos; pero que además es la gratitud, la esperanza, el conjuro, para que Nguenechén les sea propicio una vez más.

Es necesario destacar otro arquetipo que quizá haya pasado desapercibido, en la medida en que no aparece en un personaje diferente a los ya mencionados. Nos referimos al del *Viejo sabio*. Aquel que conoce a Nguenechén y aconseja a la comunidad. Ese *Viejo* está encarnado —una vez más— en la benéfica Tentenvilu. Sin duda, cada símbolo mitológico representa más de una función arquetípica; ello no puede parecernos extraño, ya que en el inconsciente no rige la lógica formal.

Sin embargo, debemos agregar que «existió entre los indígenas de Chiloé reminiscencias de un ser mítico llamado Millalonco, recordado como sabio, como alguien providente, como un ser muy amado por su pueblo y que era siempre el consuelo y esperanza de los afligidos»[127]; «no tendría nada de extraño que tal ser tradicional fuese el mismo Nguenechén en su

126 Jung, Carl Gustav: "Los arquetipos y lo inconsciente colectivo". Editorial Trotta, Madrid, España, 2002. Pág. 166.

127 Cañas Pinochet, Alejandro: "La religión en los pueblos primitivos. El culto de la piedra en Chile", 1902. Citado por Cárdenas, Renato; Hall, Catherine; Montiel Vera, Dante; "Los Chono y los Veliche de Chiloé". Editores Renato Cárdenas y Catherine Hall: Imprenta Olimpho. Santiago de Chile, 1991. Pág. 234.

función de héroe civilizador. Recordemos que Nguenechén fue asociado con el sol, y entre los epítetos con que se le nombraba aparecía el concepto de milla (oro o áureo) y longco (cabeza, jefe)»[128]. De estas citas se desprende que a su vez Nguenechén, a quien –según les aconsejaba Tentenvilu– los chilotes debían ofrecer en agradecimiento el sacrificio un niño, representa el arquetipo del *Viejo Sabio*, como también el de *Héroe*.

Jung señala que «participamos, por nuestro inconsciente, en la psique colectiva histórica, vivimos, naturalmente, de un modo inconsciente en un mundo de ogros, demonios, magos, etc.; pues éstas son cosas en las que han depositado poderosos afectos todas las épocas anteriores a nosotros»[129]. No es, por lo tanto, demasiado aventurero plantearnos en el tenor que lo hicimos más arriba. Diremos, a modo de ilustración y citando al dramaturgo romano Terencio, que «nada humano me es ajeno». Sin embargo, es posible hundirnos en mares más profundos, ya que «los contenidos del *inconsciente colectivo* no son solamente los residuos de una forma funcional arcaica, específicamente humana, sino también los residuos de las funciones de la serie de antepasados animales del hombre, cuya duración ha sido mucho mayor que la época, relativamente corta, de la existencia específicamente humana»[130]. Pero por ahora, dejaremos hasta aquí nuestras disquisiciones.

---

128 Dowling, J: "Religión, shamanismo y mitología mapuches". Editorial Universitaria, Santiago, Chile, 1971. Pág. 33.

129 C. G. Jung: "Lo inconsciente en la vida psíquica normal y patológica".. Editorial Losada, Buenos Aires, Argentina. Pág. 79.

130 C. G. Jung: "Lo inconsciente en la vida psíquica normal y patológica". Editorial Losada, Buenos Aires, Argentina. Pág. 83.

EL THRAUCO

Quizá sea éste el mito más difundido, pero no necesariamente conocido, de la mitología chilota. Hay detalles significativos, como algunas diferencias anatómicas entre las descripciones que hacen distintos autores, que son pasados por alto por aquellos que se deleitan en las «picardías» del «pintoresco» personaje. La mayoría se conforma con los aspectos anecdóticos y, los menos, abordan el mito en términos antropológicos. En cambio, no encontramos bibliografía que nos permita acercarnos al modo de funcionamiento psíquico ínsito en este personaje. La sexualidad se aborda desde una perspectiva más bien materialista, simplista y hasta demográfica (ver Narciso García)[131].

De este modo, una vez más, nos vemos en la obligación de abordar el tema a partir de una exégesis aventurada de fuentes indirectas, de la hermenéutica casi imposible de la tradición oral.

Narciso García lo describe como «un personaje pequeñito, de no más de una vara de estatura (63 centímetros). De aspecto desagradable, muy forzudo, es capaz de derribar un árbol de tres hachazos. Va vestido de quilineja y no se separa jamás de su "Toqui" (hacha de piedra), con la cual anuncia su presencia en

---

131 García Barría, Narciso: "Tesoro mitológico del archipiélago de Chiloé". Editorial Andrés Bello, Santiago de Chile, 1985. Pág. 90.

el bosque. En tierra va apoyado de un rústico bastón, el *"pahueldún"*, un palo retorcido»[132]. Heriberto Bahamonde dice que el Thrauco es «un hombre de unos 40 años aproximadamente. Su tez no es ni blanca ni negra, su pelo es tieso y negro. Es un hombre feo y contrahecho, de una fuerza increíble (…); su estatura no pasa de la vara castellana (…). Debido a que carece de talones debe apoyarse con un palo llamado *pahueldún* que le sirve de bastón o callado (…). A modo de sombrero, lleva un bonete hermoso tejido de quilineja (*Luzuriaga radicans*), también llamada pompón del bosque»[133]. El autor, a quien entrevistamos, destacó el hecho de que este personaje no tuviese pies sino solo *chonguitos*[134] (muñones).

Lo más notorio del personaje, y lo que a la mayoría de las personas mueve a la risa, es el comportamiento libidinoso que se le atribuye. «El Thrauco —nos dice Heriberto Bahamonde— es exageradamente arrecho»,[135] recordándonos que la arrechura es sinónimo de calentura[136]. Por otro lado, también define la arrechura como «entrar en celo en forma desmedida, inusual y repentina, por influencia maléfica del Thrauco [en el caso de las doncellas] o la Fiura [en el caso de los varones]»[137]. Es decir, el Thrauco no solo es arrecho, sino que además es capaz de producir en las mozas un impulso erótico incontrolable.

Hay que destacar además que al Thrauco se le describe como portador de un falo enorme; esta es una cuestión a la que se refieren diversos habitantes del archipiélago de Chiloé, y sin

---

132 García Barría, Narciso: "Tesoro mitológico del archipiélago de Chiloé". Editorial Andrés Bello, Santiago de Chile, 1985. Pág. 87.

133 Bahamonde Tejeda, Heriberto: "Glosario de los brujos". Master Print, Ltda. Corporación Cultural de Puerto Montt. Municipalidad de Puerto Montt, Chile, 2004. Págs. 97-98.

134 Referencias personales: Entrevista con el autor realizada en su casa, el 10 de octubre de 2007.

135 Bahamonde Tejeda, Heriberto: "Glosario de los brujos". Master Print, Ltda. Corporación Cultural de Puerto Montt. Municipalidad de Puerto Montt, Chile, 2004. Pág. 98.

136 Bahamonde Tejeda, Heriberto: "Glosario de los brujos". Master Print, Ltda. Corporación Cultural de Puerto Montt. Municipalidad de Puerto Montt, Chile, 2004. Pág. 52.

137 Bahamonde Tejeda, Heriberto: "Glosario de los brujos". Master Print, Ltda. Corporación Cultural de Puerto Montt. Municipalidad de Puerto Montt, Chile, 2004. Págs. 52.

embargo, no la encontramos en ninguno de los autores consultados. El Dr. Quintana, en cambio, no solo nos lo recordó en la entrevista que tuvimos con él, sino que además, lo ha plasmado así en sus hermosas obras de arte talladas en maderas nativas[138].

Esta conducta lo acerca a la lujuria de los sátiros griegos, de quienes se diferencia por la configuración híbrida y zoomórfica de estos últimos. Sin embargo, si apuntamos a la naturaleza simbólica del *inconsciente colectivo*, no es necesario reparar demasiado en ello, toda vez que cada figura mítica puede representar diferentes arquetipos y un mismo arquetipo puede evidenciarse de distintos modos, incluso mediante la condensación, extrapolando las ideas de Freud acerca de los sueños, pero no limitando dicho mecanismo a la represión que opera sobre el *inconsciente personal*, sino como un modo de expresión multifocal del símbolo.

Si aceptamos esta premisa podremos, al menos en parte, identificarlo no solo con los sátiros, sino también con el mismo Dionisio, en la medida en que «simbolizaba la pasión y una peligrosa ausencia de frenos. [Es evidente] su relación con la fertilidad (el falo era un símbolo común de Dionisio)»[139]. El Thrauco también podría estar emparentado con Príapo, de quien se ha dicho que sería hijo de Dionisio, aunque la paternidad se la disputan otros dioses, como por ejemplo Zeus[140]. Sus semejanzas son llamativas; «se lo puede representar en figura de un anciano feo, con el rostro pintado de rojo y un enorme falo erecto»[141]. Además, otros seres mitológicos, por ejemplo los *Vodyanoi* celtas comparten «atributos» con el Thrauco: se los describe como un «viejo, feo, cubierto de lodo y

---

138 Referencias personales: Entrevista con el autor realizada en su casa, el 20 de octubre de 2007.

139 Cotterel, Arthur (compilador general): "Enciclopedia de la mitología universal", Parragón, Barcelona, España, 2004. Pág. 66.

140 Cotterel, Arthur (compilador general): "Enciclopedia de la mitología universal", Parragón, Barcelona, España, 2004. Pág. 74.

141 Cotterel, Arthur (compilador general): "Enciclopedia de la mitología universal", Parragón, Barcelona, España, 2004. Pág. 74.

con barbas verdes»[142]. Pero éstos tienen también características que comparten con otros personajes del panteón Chilote (la Fiura, la Pincoya). La fealdad, sin duda, es un rasgo común entre los *Vodyanoi* y el Thrauco y de algún modo nos remite a lo más oscuro del inconsciente, al miedo atávico. Pero más allá de sus rasgos, hay unos pocos autores que concuerdan con nosotros en el sentido de que el «Trauco como personaje mítico [está] asociado a la fecundidad»[143].

A pesar de las razones expuestas, la mayoría de los autores consultados no parecen estar interesados en una temática como la que abordamos. Antes bien, lo conciben como un elemento de cohesión social, una suerte de excusa de la que pueden hacer uso las muchachas que resultaban embarazadas después de alguna(s) incursión(es) al bosque, sin generar las discordias que ocasionarían en una comunidad pequeña la búsqueda del padre, que bien podía ser un extraño o un familiar. En dicha línea argumental Heriberto Bahamonde escribe: «esta conducta suya le ha hecho acreedor de la paternidad de los hijos naturales. Esta paternidad, es tan fuerte en la raigambre comunitaria que nadie duda de la honorabilidad de la niña; por el contrario, la compadecen, culpando de todo al seductor, de ese modo, no deja de ser una excusa para las muchachas jóvenes»[144]. Es fácil advertir aquí una explicación inverosímil, que no por ser la más común tendría porqué ser verdadera. Más aún, creemos que esta explicación raya en el absurdo, porque la farsa sería evidente para la generación siguiente, ya que la madre seducida por el Thrauco sería una despiadada escéptica frente a la preñez de su hija. Un cuento del Dr. Quintana aborda socarronamente esta

---

142 Cotterel, Arthur (compilador general): "Enciclopedia de la mitología universal", Parragón, Barcelona, España, 2004. Pág. 103.

143 Cárdenas, Renato; Hall, Catherine; Montiel Vera, Dante; "Los Chono y los Veliche de Chiloé". Editores Renato Cárdenas y Catherine Hall: Imprenta Olimpho. Santiago de Chile, 1991. Pág. 175.

144 Bahamonde Tejeda, Heriberto: "Glosario de los brujos". Master Print, Ltda. Corporación Cultural de Puerto Montt. Municipalidad de Puerto Montt, Chile, 2004. Pág. 98.

cuestión[145]. Ciertamente ha de tener una función social, una especie de pipa de la paz, una mentira piadosa que permite mantener la tranquilidad entre los isleños, proporcionando una cubierta para el incesto, más o menos aceptado en una comunidad insular, una fórmula ritual para salir del paso; pero no creemos que esta sea la única interpretación para el mito, y menos aún la más profunda.

Narciso García hace un aporte que nos permite arrojar alguna luz, aunque sea muy tenue, respecto del origen de la función encubridora de este personaje, al decir que «este homúnculo ha sido considerado como la encarnación de uno de los espíritus expulsados del cielo que no alcanzó a entrar en el infierno y quedó convertido en un hombrecillo enteco y perverso.

»Con toda seguridad este alcance dogmático ha sido el fruto de los elementos religiosos aportados por los misioneros a la mitología indígena. Con él robustecían sus prédicas de la moral cristiana, sin necesidad de combatir abiertamente al personaje mítico autóctono»[146]. Sin embargo, entendemos que se refiere tan solo a los conceptos –míticos también– de cielo, infierno y una suerte de limbo silvestre, ya que a pesar de lo antedicho, unas líneas más abajo señala que «de un modo semejante a como se atemoriza a los niños con el "cuco" o con el "viejo", así la comunidad primitiva utilizó al Thrauco para resguardo de la moral y evitar que las muchachas frecuentaran los bosques sin compañía de un protector o guardián de su castidad virginal. ¿Pudo, en última instancia, existir el propósito de poner a salvo a las doncellas de las relaciones incestuosas, dentro de una sociedad en la cual predominaba el sistema de uniones exogámicas? ¿Se prohibirían bajo penas severísimas las relaciones endogámicas? En tal caso el Thrauco actuaba como

---

145 Quintana Mansilla, Bernardo: "Origen del pueblo chilote. Cuentos chilotes. Ñancupel el pirata". Gráfica Andina, Puerto Montt, Chile. Pág. 19-22.

146 García Barría, Narciso: "Tesoro mitológico del archipiélago de Chiloé". Editorial Andrés Bello, Santiago de Chile, 1985. Págs. 87-88.

tabú del instinto sexual»[147]. Una especie de Edipo isleño, pero aún más primitivo, en la medida en que Edipo sufre una vez que comprende, que toma conciencia de lo que ha hecho; en este caso, en cambio, el crimen *es* el castigo; no es que el Thrauco se utilice como se atemoriza a los niños con el «cuco» o el «viejo»: el Thrauco *es* el «cuco» y el «viejo»; no existe una distinción entre los contenidos anímicos y los acontecimientos externos, o, para decirlo de otro modo, «la realidad externa no existe sino en tanto proyecta contenidos anímicos»[148]. Las malformaciones congénitas y el horror al incesto, o mejor dicho, el incesto del horror, eran la misma cosa.

Por otra parte, para que existiera un tabú tan fuerte como éste, amén del nivel más primitivo en que se debió fundar, debió también asentar en una crisis: la transformación de una sociedad matriarcal en una patriarcal, de una sociedad en que los hijos eran de todos, porque de ellos solo se conocía la madre y la madre de las madres, a una sociedad en que los hijos del padre estaban, al menos socialmente, reconocidos e individualizados (como también lo estaban sus posesiones y su posición, en la medida en que se abandonaba la comunidad primitiva).

En suma, pensamos que este *superyó* forzoso que impusieron los conquistadores no pudo tener el mismo valor en la formación de la personalidad que tuvo en la cultura occidental, en la medida que ha de haber resultado pálido frente al tabú del Thrauco primigenio, con fuerte base en el *inconsciente colectivo*. Su validez, entonces, debió tener una base en una ley arcaica, más temible que la férula del *Padre Nuestro* y el *Ave María*, mucho más brutal entonces que hoy. Pero sin duda los misioneros obraron, como se ha señalado antes, utilizando los elementos míticos como andamiaje para imponer su esquema valórico, ya que no es posible pensar el psiquismo de los

147 García Barría, Narciso: "Tesoro mitológico del archipiélago de Chiloé". Editorial Andrés Bello, Santiago de Chile, 1985. Págs. 88.

148 Jung, Carl Gustav: "Los arquetipos y lo inconsciente colectivo". Editorial Trotta, Madrid, España, 2002. Pág. 166.

aborígenes como una hoja en blanco sobre la que el conquistador podía escribir a su antojo. La conciencia, poco a poco, debe haber ido debilitando el mito originario, degradándolo, luego de algunos siglos, al nivel de pícara anécdota o curioso pintoresquismo (por lo menos, para los habitantes del continente).

Pero, haciendo una pausa en el discurso y a efectos de ilustrar mejor cómo se va debilitando el mito y convirtiéndose en elemento consciente, queremos volver atrás y hacer notar que en el momento de la cristianización, el mito no solo fue útil para el cinismo moral de los conquistadores (no hay que olvidar que en demasiadas ocasiones el Thrauco no fue sino la máscara que usaron los propios españoles), sino también para los indígenas en el afán de «justificarse frente a la sanción impuesta por el otro sistema, como sucede en el proceso judicial donde aparece el Trauco como responsable del embarazo de una criatura adolescente (...). Frente al aborto espontáneo de un feto deforme, se inicia un proceso donde la niña, su familia y la comunidad respaldan la versión de que habría sido el Trauco el gestor de esa criatura. Este subterfugio fue ideado por el padrastro para ocultar su delito»[149].

Una vez establecido el carácter, al mismo tiempo local y universal de este mito, no podemos dejar de mencionar otra observación, y es que en la comunidad veliche, el horror al incesto debió tener dos formas, o más bien, dos fines (si es que es posible la expresión) de acuerdo al momento en que nos situemos: si se trata de una sociedad matriarcal, más primitiva, en la que las energías del *inconsciente colectivo* no habían sido sojuzgadas aún por el logos paterno, seguramente han de haber estado más relacionadas con las consecuencias biológicas de la endogamia, que no eran en realidad una consecuencia, sino parte de la vida misma. Quizá por ello, si observamos la morfología de ciertos personajes mitológicos de Chiloé, nos

---

149 Cárdenas, Renato; Hall, Catherine; Montiel Vera, Dante; "Los Chono y los Veliche de Chiloé". Editores Renato Cárdenas y Catherine Hall: Imprenta Olimpho. Santiago de Chile, 1991. Pág. 242.

encontraremos con que podrían ser una proyección de contenidos del *inconsciente colectivo* en malformados congénitos. No es difícil comprenderlo si pensamos en el mismo Thrauco, a quien —como ya apuntamos más arriba— se ha descrito como «feo y contrahecho (…) su estatura no pasa de la vara castellana (…) sus pies carecen de talones»[150].

La otra forma de *horror al incesto* pudo haber ocurrido en las comunidades de vida sedentaria y patriarcal —una vez que se ha decidido el resultado de la crisis hacia ese tipo de organización social. En dichas sociedades, el nivel de conciencia adquirida podría haber puesto al mito en una función totémica más cercana a la sugerida por Freud, en la medida que seguramente ha estado relacionada con el rapto de mujeres, que —lógicamente— violentaba la ley del padre. Y el secuestro temido no solo dice relación con las correrías de otros pueblos, como los chonos, sino de los mismos veliches.

Los chonos, que se agrupaban en familias, también vivían las dificultades de la endogamia; probablemente el rapto de mujeres también haya sido un intento de resolverla y no solo de reponer el número de mujeres cada vez que escaseaban; pero ello lleva implícito el pasaje a otro tipo de organización social, que pone a las mujeres (o al menos a «otras mujeres», lo que de todas formas es un claro precedente) en posición de ser raptadas, lo que ya implica, o implicará, el proceso de cambio a una cultura patriarcal (como muestra de esto último, debemos recordar que no solo secuestraban mujeres, sino también esclavos)[151]. Entre ellos, la propiedad era exigua, incluso común, los grupos eran pequeños y los escasos bienes eran administrados por las mujeres. El rol de los hombres lo constituía la caza de lobos marinos.

---

150 Bahamonde Tejeda, Heriberto: "Glosario de los brujos". Master Print, Ltda. Corporación Cultural de Puerto Montt. Municipalidad de Puerto Montt, Chile, 2004. Págs. 97-98.

151 Cárdenas, Renato; Hall, Catherine; Montiel Vera, Dante; "Los Chono y los Veliche de Chiloé". Editores Renato Cárdenas y Catherine Hall: Imprenta Olimpho. Santiago de Chile, 1991. Pág. 102.

Mientras se producía el cambio en las distintas sociedades, las mixturas entre los diversos pueblos no debió ser la excepción, sino la regla. Resulta llamativa, por lo tanto, la afirmación que hacen Renato Cárdenas y Colaboradores, en el sentido que los contactos entre los chonos y los veliches fueron escasos y se limitaron a incursiones esporádicas[152], más aún si se toma en cuenta que, según el Dr. Bernardo Quintana, los chonos comparten características fenotípicas y genotípicas con los asiáticos, a la vez que existen toponímicos de Chiloé cuya similitud lingüística con palabras chinas es impresionante[153], lo que implica que la impronta de los chonos en Chiloé se mantiene hasta hoy. De este modo, resulta difícil pensar que los contactos entre ambos pueblos hayan sido esporádicos.

Pero si nos remontamos a tiempos ancestrales, sin duda la población isleña «se vio prisionera dentro de los mismos promontorios en los cuales había hallado la salvación»[154], como nos lo recuerda Narciso García, refiriéndose a las pequeñas islas que se formaron a partir del gran cataclismo que habría dado paso a la formación del archipiélago. En cada una de estas islas habrían subsistido pequeños grupos humanos; sin duda aprendieron a surcar el mar en sus frágiles dalcas, ya sea como innovación producto de la necesidad o como ancestral respuesta a condiciones adversas, preciosa herencia de los inmigrantes de oriente; pero resulta difícil concebir, en ese entonces, un monto importantes de uniones maritales (por decirlo de algún modo) entre los habitantes de las diversas islas. Ello, por tanto, refuerza la idea de la endogamia inicial de estos pueblos, el matriarcado cálido y el horror.

152 Cárdenas, Renato; Hall, Catherine; Montiel Vera, Dante; "Los Chono y los Veliche de Chiloé". Editores Renato Cárdenas y Catherine Hall: Imprenta Olimpho. Santiago de Chile, 1991. Pág. 102.

153 Quintana Mansilla, Bernardo: "Origen del pueblo chilote. Cuentos chilotes. Ñancupel el pirata". Gráfica Andina, Puerto Montt, Chile. Págs. 61-63.

154 García Barría, Narciso: "Tesoro mitológico del archipiélago de Chiloé". Editorial Andrés Bello, Santiago de Chile, 1985. Pág. 22.

Se hace presente, una vez más, el arquetipo de la *Madre*: la *Madre buena* y la *Madre mala*, la que produce alegrías, la que alimenta, engendra vida o pare monstruos. Aquella *Madre* que vive en las diminutas islas que asoman del agua oscura, como oscuro se nos aparece el inconsciente. Esa *Madre* veleidosa que castiga. Esa *Madre* que no es sino aquella realidad anímica que se plasma en fetos deformes, niños baldados y contrahechos, informes engendros grotescos incapaces de respirar más que unos minutos... Pero que también regala fuertes hombres y mujeres trabajadoras y apetecibles: la vida.

Si aceptamos lo que dicen los cronistas, resulta razonable pensar que el mito del Thrauco haya sido «útil» a la comunidad huiliche, en la medida en que facilitaba «la custodia de las núbiles, a quienes se trataba de proteger de un prematuro rapto. Se evitaba de este curioso modo que corriesen la misma suerte de las legendaria Sabinas romanas»[155]. La génesis huiliche de esta eventual faceta, se condice con el origen gramatical de la palabra Trauco. En *El libro de la Mitología: Historias, Leyendas y Creencias Mágicas Obtenidas de la Tradición Oral*, se precisa que «TR [es un] grupo consonántico con influencia fonética del mapudungun lo que determina que sea asibilado. Se advierte la sustitución del grupo TR por el CH en voces como Trauco/Chauco (...). Otros autores lo grafican como thr chr»[156].

Respecto de la importancia en la constitución de un *superyó* entre los pueblos aborígenes de Chiloé, no nos es posible ir más allá de la conjetura. Pareciera, sin embargo, no ser tan solo una dificultad nuestra. Álvaro Barros habla de «incógnitas imposibles de despejar [entre las cuales puede mencionarse] ¿Cómo se relacionaban entre ellos? ¿Qué costumbres en cuanto al matrimonio, parentesco, educación, tradiciones, creencias, conocimientos de la naturaleza y de la vida tenían estos

---

155 García Barría, Narciso: "Tesoro mitológico del archipiélago de Chiloé". Editorial Andrés Bello, Santiago de Chile, 1985. Pág. 88.

156 Cárdenas Álvarez, Renato: "El libro de la mitología: historias, leyendas y creencias mágicas obtenidas de la tradición oral". Atelí y Cia., Ltda., Punta Arenas, Chile, 1998. Pág. 12.

primitivos aborígenes?»[157]. Si bien este párrafo se refiere a los chonos, creemos que lo señalado también debería ser válido para los veliches.

Volvamos al Thrauco.

Al público general, así como a la mayoría de los autores consultados, les llama la atención el aspecto de este homúnculo. Nada puede ser más contrario a la razón que este «gnomo» sin ningún atributo deseable para una mujer, actúe como un príncipe encantador (si es que no encantado), despertando a las doncellas del sueño de su infancia. Sin embargo, como ya hemos citado antes, «para el hombre primitivo y para el inconsciente [el] aspecto animal no significa un demérito»[158]. Podría objetarse que en este caso no se trata de un animal; pero el Thrauco tampoco es un hombre propiamente tal. Esto no es menos importante, toda vez que «en cierto sentido el animal [en este caso, el malformado] es superior al hombre. Aún no se ha extraviado en el laberinto de su consciencia, y a ese poder que es la fuente de la vida, aún no le ha puesto enfrente un Yo terco y porfiado, de modo que esa voluntad que obra en él la cumple de modo casi perfecto»[159]. El Thrauco es, en este sentido, un salvaje, un caballo desbocado, sin una consciencia que morigere sus impulsos más primarios, tanto amatorios como violentos, libidinosos y perversos, agresivos y protectores, de dominio y fertilidad.

En este mito, las fuerzas del *inconsciente* brotan de la oquedad del bosque. Lo oscuro y lo húmedo, aquella caja de Pandora de la que pueden salir, como en una erupción magmática, demonios desconocidos, espectros aterradores, gárgolas e hidras, gigantes despiadados y enanos ponzoñosos. En el bosque sospechamos el misterio que puede extraviarnos,

---

157 Barros, Álvaro: "Aborígenes australes de América". Lord Cochrane, Santiago de Chile, 1975. Pág. 58.

158 Jung, Carl Gustav: "Los arquetipos y lo inconsciente colectivo". Editorial Trotta, Madrid, España, 2002. Pág. 214.

159 Jung, Carl Gustav: "Los arquetipos y lo inconsciente colectivo". Editorial Trotta, Madrid, España, 2002. Pág. 214.

que invita y fascina, a la vez que alerta y aterra. De esa oquedad puede arremeter entonces la violencia que desflora o arremete, que se solaza en el paisaje, seduce y engendra.

Es probable que si hubo malformados que emboscaban en los bosques, hayan servido de telón de fondo en donde proyectar los contenidos del *inconsciente colectivo*. Si éstos eran consanguíneos con las «doncellas mancilladas», el mito pudo alambicarse más, dando lugar a narraciones como «La Guagua del Trauco»[160].

¿Puede el bosque, el hogar de este ser contrahecho y feo, encarnar o al menos sugerir el arquetipo de la *Madre*? Nos parece que sí, en la medida en que la tupida selva sureña, lluviosa, pletórica de musgos y hongos, de animalejos y trinos, de matorrales y corteza, nos remite de inmediato a lo primigenio y fértil: a la *Madre*. Pero no la vieja madre yerma, de manos sarmentosas y surcos en el rostro, sino la ubérrima vulva poblada de vellos, el monte que se puebla en la joven virgen y el misterio de sus primeras sangres, que como un río subterráneo la empuja hacia la corriente de la vida. Es lo prohibido y a la vez irrefrenable. Es la muerte de la *Niña* y sin embargo es vida y *renacer. Madre buena* y *Madre mala*.

Ínsito en este símbolo, como un sueño dentro de otro sueño, nos parece vislumbrar el arquetipo del *Niño*. En este caso, la *Niña*, sacrificada al Thrauco para generar la nueva vida (que no es sino una nueva *Niña*).

Pero también ahí, en lo profundo del bosque acecha el Thrauco, lo violentamente masculino y fálico. El mal en el bien, si puede hablarse así. La fuerza increíble de ese ser enteco, «que ha sido considerado como la encarnación de uno de los espíritus expulsados del cielo que no alcanzó a entrar en el infierno»[161].

---

160 Cárdenas Álvarez, Renato: "El libro de la mitología: historias, leyendas y creencias mágicas obtenidas de la tradición oral". Atelí y Cia., Ltda., Punta Arenas, Chile, 1998. Págs. 43-45.

161 García Barría, Narciso: "Tesoro mitológico del archipiélago de Chiloé". Editorial Andrés Bello, Santiago de Chile, 1985 Págs. 87-88.

Prescindiendo de la segura castellanización de esta afirmación, si se piensa en la vertiente veliche, seguramente algo de esto ha de haber habido en el mito primitivo.

Si seguimos esa línea argumental, podremos inferir los arquetipos de *Ánima* y *Ánimus*, en la medida en que en lo profundo del bosque, de lo exuberante, húmedo, fértil, primigenio, materno, acecha emboscado lo viril... Sin duda lo femenino y lo masculino, lo masculino en lo femenino. La dualidad y compenetración de las energías, el Yin y el Yang. Pero, ¿logos paterno? Pensamos que sí, en la medida en que existe la advertencia que previene el peligro... La muchacha conoce o al menos intuye qué le espera en el bosque, en su propio bosque, en su inconsciente... Y aunque su *Ánimus* la alerta, también la arroja a la conquista de ese mismo inconsciente, y sucumbe...

En cambio la presencia de *Ánima* en el Thrauco no resultará tan evidente, sino conocemos al menos otros aspectos de él... o alguna leyenda.

Nos hemos acostumbrado a ver en el personaje que nos ocupa solo los aspectos libidinosos y grotescos que saltan a la vista. Sin embargo, existen otros que completan una dualidad sorprendente. Así como este homúnculo, mixtura de gnomo y sátiro, es un ser agresivo —en especial con los varones, como veremos luego—, del mismo modo es un ser sensible, que «ama la belleza del paisaje [y no solo a las núbiles]. Trepando en los árboles más altos (un tique), contempla en éxtasis el panorama»[162]. Y en cuanto a sus hábitos alimenticios: no es un ramplón que se solaza en la gula, ni un brutal cazador sanguinario, como podría hacernos suponer su agresividad sexual, su ensaño para con los hombres, a quienes odia y «tuerce a la distancia con solo mirarlos»[163], y el hecho de portar siempre

---

162 García Barría, Narciso: "Tesoro mitológico del archipiélago de Chiloé". Editorial Andrés Bello, Santiago de Chile, 1985. Pág. 87.

163 García Barría, Narciso: "Tesoro mitológico del archipiélago de Chiloé". Editorial Andrés Bello, Santiago de Chile, 1985. Pág. 87.

un hacha de piedra. Nada de eso. «Gusta mucho de las murtas»[164], una fruta delicada y pequeña, de un sabor suave y dulce, que debe ser recolectada con paciencia entre los arbustos del bosque.

Es interesante advertir en esto la presencia de lo femenino, el Eros materno, la suavidad, la tranquilidad y la paz del regazo, de la choza, del nido... El *Ánima* en este hombrecillo bestial.

Otro aspecto del *inconsciente colectivo* encarnado en la figura del Thrauco, es la del *Padre* terrible. Si bien resuenan aquí los acordes del miedo a la castración de los escritos freudianos, no deja de ser llamativo que al igual que el padre de la *Horda primitiva*, este homúnculo mantiene a los mozos no solo lejos del bosque (en el que tiene la potestad de seducir a las doncellas) sino incluso distantes de su mirada. Y aunque pueda decirse que esta mirada asienta más bien a nivel de los *Complejos*, estaremos de acuerdo en que su basamento es arquetípico.

El Thrauco no solo puede torcer con su mirada, sino que además es capaz de «*tirar el vaho*. Apoderarse de la voluntad de las personas, lanzando un vaho mágico o tomando el resuello de quien encuentra frente a frente»[165]. ¿Qué es apoderarse de la voluntad de alguien sino imponer la propia voluntad? Sin duda subyace aquí el Arquetipo del *Viejo* que obra el mal, o si se quiere, del hechicero. Aquí el *Héroe* está en la *Sombra*, sometido a aquella voluntad salvaje, que difícilmente contiene la voluntad consciente. Ser mirado por el Thrauco es enfrentar (no afrontar) dicha *Sombra*; es verse sojuzgado por ella.

Pero el mito tiene una realidad especular: la posibilidad de verlo primero y enfrentarlo. El *Héroe* resulta victorioso. El insignificante campesino derrota a Goliat.

Cavada explica que «su mirada [la del Thrauco], como la del basilisco, mata a la persona que aún no ha reparado en él, o

---

164 García Barría, Narciso: "Tesoro mitológico del archipiélago de Chiloé". Editorial Andrés Bello, Santiago de Chile, 1985. Pág. 87.

165 Cárdenas Álvarez, Renato: "El libro de la mitología: historias, leyendas y creencias mágicas obtenidas de la tradición oral". Atelí y Cia., Ltda., Punta Arenas, Chile, 1998. Pág. 13.

bien, la deforma espontáneamente, dejándola con el cuello torcido y sentenciada a morir antes del año. Sin embargo, por una justa compensación, perece, como el basilisco si ha tenido la desgracia de ser avistado primero»[166].

Esta afirmación nos pone –además– en la disyuntiva de si existen varios Thraucos o es uno solo, que renace como el ave Fénix. El valor simbólico de esta última alternativa es a todas luces más sugerente. Si el ave Fénix ha sido (al menos en la mitología egipcia) un símbolo del sol que muere y renace idéntico cada jornada, del sol que fecunda, que hace madurar las espigas, este Thrauco que renace cada vez que una doncella se adentra en el bosque, en estas regiones sombrías, prisioneras de la niebla y el frío, ¿no podría, en el *inconsciente colectivo*, ser la proyección del ave Fénix, de la eternidad fecundante?, ya que como realidad anímica encuentra en el bosque sempiterno y omnipresente, fecundo y fecundante, que renueva su follaje o simplemente no lo pierde, la eternidad que siempre se renueva.

¿La muerte del *Padre*? –podríamos preguntarnos, además, a estas alturas del camino. Seguramente, toda vez que el *Padre* muerto renace y de nuevo impone su ley, tantas veces como bosques existan. Pero como pocos tienen el dudoso privilegio de ver al Thrauco, el *Padre* se impone en la palabra. Entonces, como el padre celeste de los conquistadores futuros, se vuelve eterno, omnipresente… y omnipotente. Seduce y destruye, enferma y encanta, desflora y castiga. Como Dios, no puede ser visto a la cara. Cuando eso ocurre, las consecuencias son funestas. Cuando «tiene a bien exhibirse en su propia espantable forma (…) es causa de tantos maleficios y desgracias [como ser la aparición de] jorobas, la parálisis facial, el tullimiento o dislocación de los huesos, el tortícolis, el decaimiento o dejadez con que algunas veces suele amanecer el cuerpo, la muerte en corto plazo»[167]. La *aniquilación* que causaría al hombre la sola visión de Dios. Sin embargo, en el estudio que nos hemos

---

166 Cavada, Francisco J. : "Chiloé y los chilotes". Imprenta Universitaria, Santiago, Chile, 1914. Pág. 97.

167 Cavada, Francisco J. : "Chiloé y los chilotes". Imprenta Universitaria, Santiago, Chile, 1914. Pág. 98.

propuesto, esta muerte del *Padre* no es completa, no existe ritual caníbal alguno, es solo el temor, el miedo atávico el que sostiene al *Padre* en su sitial. Hablamos de un estadio más primitivo, quizá de una época de transición desde una sociedad matriarcal a una patriarcal. Menos aún podemos pensar siquiera en estar ad portas de una religión.

Hay quienes resuelven este problema, pensamos que sin detenerse a considerar la cualidad simbólica del Thrauco, afirmando simplemente que «hay por lo menos uno en cada bosque»[168]. Considerando la cantidad de bosques en la zona, que en tiempos ancestrales debió ser aún más abundante, los Thraucos deberían contarse por miríadas. De hecho, hay quien ha afirmado que en el continente, oculto entre los bosques que flanquean la Carretera Austral, existiría un pueblo de Thraucos, con «Thrauquitos» inclusive, una especie de «El Dorado» o de «La ciudad de los Césares», sin que se piense que hay oro; «pero esas son cosas que dicen no más»[169]. Dicha postura correspondería a una verdadera urbanización de lo que ya podría ser considerada una especie. Nos parece que esto es más una anécdota, más cercana al folclor, a los cuentos, a las adivinanzas, a las versificaciones jocosas o a las payas. No dudamos que ínsitas en ellas palpita la serpiente horrorosa del *inconsciente colectivo*. Sin embargo, abordar esta temática sería objeto de otro análisis, por lo que no insistiremos en ella.

Volviendo a lo que nos ocupa, hay que señalar que el mito del Thrauco, sea uno o sean varios, seguramente corresponde a la proyección de un solo diapasón anímico de los pueblos aborígenes. Por lo mismo, hacinados o no, los Thraucos son el Thrauco; el mito es el mismo, y para efectos del *inconsciente colectivo*, su número podría ser irrelevante.

---

168 García Barría, Narciso: "Tesoro mitológico del archipiélago de Chiloé". Editorial Andrés Bello, Santiago de Chile, 1985. Pág. 87.

169 Referencias personales: Entrevista con el autor, Don Heriberto Bahamonde Tejeda, realizada en su casa, el 10 de octubre de 2007.

Pero hay números que nos interesan. No hemos podemos soslayar el hecho de que el Thrauco deambula en tres patas – tres puntas, para ser más exactos–, sus dos muñones y su *pahueldún*, que perfectamente puede ser la continuación de su miembro viril que besa la tierra y la fecunda, así como es capaz de hollarla.

Jung señala que desde el punto de vista de la conciencia, la triada «es cosa exclusivamente masculina»[170]. «Por eso la triada puede traducirse perfectamente como la "masculinidad"»[171]. De este modo, aparece una vez más el arquetipo del *Ánimus*.

Podríamos continuar este análisis ad-infinitum, pero creemos que ya hemos demostrado suficientemente la proyección de arquetipos inconscientes en la leyenda del Thrauco. Sin embargo, antes de terminar, queremos sugerir una hipótesis arriesgada: si en cada bosque acecha el Thrauco, desde el tiempo sin tiempo del *inconsciente colectivo*, si se le atribuye una paternidad inconmensurable, inmaterial, arquetípica, de uno u otro modo, todos los habitantes del archipiélago son hijos del Thrauco. Encarnan, de esa manera, el arquetipo del *Doble Nacimiento*.

---

170 Jung, Carl Gustav: "Los arquetipos y lo inconsciente colectivo". Editorial Trotta, Madrid, España, 2002. Pág. 227.

171 Jung, Carl Gustav: "Los arquetipos y lo inconsciente colectivo". Editorial Trotta, Madrid, España, 2002. Págs. 227-228.

LA FIURA

La apariencia de la Fiura pareciera que no le va en zaga a la del Thrauco. Se la describe como una «mujer pequeña, de extraordinaria fealdad»[172]. Sin embargo, otros autores, como don Heriberto Bahamonde, afirman que posee un cuerpo de belleza extraordinaria, muy atractivo y sensual, pero que su rostro es horripilante[173].

La Fiura, al igual que el Thrauco, «se apodera –con su aliento y su mirada– de la voluntad de los humanos»[174]. En esto no podría hacerse una interpretación distinta a que la que ya realizamos a propósito del Thrauco, sobre todo si consideramos que lo hace «para disfrutar sexualmente de ellos [de los hombres]»[175]. De algún modo, encarna la fantasía de ser seducidos por una mujer fuera del mundo cotidiano, de dejarse poseer por una hembra voluptuosa, salvaje, ubérrima y carnal, sedienta de esperma… pero no de progenie. Ya veremos por

---

172 Cárdenas Álvarez, Renato: "El libro de la mitología: historias, leyendas y creencias mágicas obtenidas de la tradición oral". Atelí y Cia., Ltda., Punta Arenas, Chile, 1998. Pág. 68.

173 Referencias personales: Entrevista con el autor realizada en su casa, el 10 de octubre de 2007.

174 Cárdenas Álvarez, Renato: "El libro de la mitología: historias, leyendas y creencias mágicas obtenidas de la tradición oral". Atelí y Cia., Ltda., Punta Arenas, Chile, 1998. Pág. 68.

175 Cárdenas Álvarez, Renato: "El libro de la mitología: historias, leyendas y creencias mágicas obtenidas de la tradición oral". Atelí y Cia., Ltda., Punta Arenas, Chile, 1998. Pág. 68.

qué. Por ahora, permítasenos abundar en cómo la describen diferentes autores. Para Narciso García, la Fiura es «de estatura muy reducida, inferior a una vara de altura (…) feísima, hasta la exageración»[176]. La misma opinión tiene el Dr. Bernardo Quintana, quien señala que la Fiura posee una «mano enorme, huesuda, de largos y torcidos dedos ganchosos; acicala coqueta su pollera roja y contempla el encanto de su fealdad en el tranquilo arroyuelo»[177]. Nótese el giro retórico: lo feo que encanta. Se contempla en las aguas como la reina del cuento: «Espejito, espejito…»

En su *Glosario de los brujos*, don Heriberto Bahamonde expresa con detalle lo que más tarde reafirmara en la entrevista que sostuvimos con él: «es una mujer chica de rostro ordinario pero que tiene un cuerpo tan hermoso como el de la Pincoya (…). Sus senos parecen granadinas por estallar. Sus delicados pies van cubiertos por un par de chalas (…) que le dan suave elegancia al andar»[178]. Sin embargo, a pesar de conocerse personalmente y haber compartido en diferentes ocasiones, el Dr. Quintana es enfático en este sentido y refuerza su desacuerdo recurriendo a una expresión muy frecuente en Chiloé: «¡fea como la Fiura!»[179]. Su descripción, iniciada más arriba, debe completarse con otros rasgos: «Corre ágil entre los troncos quemados, mimetizando sus miembros con los semi-carbonizados ganchos de los árboles (…). El más leve ruido la asusta y adopta de inmediato caprichosas y convulsionantes posturas, abre muy grandes feroces ojos, hace mil muecas con

176 García Barría, Narciso: "Tesoro mitológico del archipiélago de Chiloé". Editorial Andrés Bello, Santiago de Chile, 1985. Pág. 92.

177 Quintana Mansilla, Bernardo: "Origen del pueblo chilote. Cuentos chilotes. Ñancupel el pirata". Gráfica Andina, Puerto Montt, Chile. Pág. 26.

178 Bahamonde Tejeda, Heriberto: "Glosario de los brujos". Master Print, Ltda. Corporación Cultural de Puerto Montt. Municipalidad de Puerto Montt, Chile, 2004. Pág. 70.

179 Referencias personales: Entrevista con el autor realizada en su casa, el 20 de octubre de 2007.

su horrible rostro casi oculto por una descomunal nariz; alarga los brazos en todas direcciones»[180].

Creemos que estas diferencias bien pudieran deberse a que los distintos autores no recurrieron a las mismas fuentes, cosa por lo demás importante, aunque pudiera parecer de Perogrullo. Las influencias hispanas seguramente deformaron este personaje mítico, realizando algunos cambios cosméticos; cambios que, por cierto, no tuvieron por qué ser necesariamente embellecedores. Esto nos permite cierto grado de especulación y deja al lector un margen muy amplio de alusiones al propio *inconsciente personal*, y en último término, a las propias proyecciones del *inconsciente colectivo*.

Don Heriberto Bahamonde expresa que la Fiura «suele vestirse totalmente de rojo con una faldilla corta y provocativa semitransparente»[181]. Nada más cercano a un *baby-doll*. Podría, por lo tanto, inferirse que esta descripción ni siquiera es hispánica, sino más bien contemporánea. Pero es posible que solo haya cambiado el modo en que se relata, mas no su contenido, y es que la forma en que la Fiura «aparece», se muestra a la mirada del otro (de los hombres, pero pareciera que en especial de los más jóvenes), resulta absolutamente irresistible, seductora: nos encontramos así con la *Máscara*.

Quizá por eso todos los autores concuerdan en la coquetería de la Fiura. Bernardo Quintana afirma que «acicala coqueta su pollera roja»[182] y Narciso García nos informa que «usa un vestido colorado muy llamativo [y es] coqueta»[183].

180 Quintana Mansilla, Bernardo: "Origen del pueblo chilote. Cuentos chilotes. Ñancupel el pirata". Gráfica Andina, Puerto Montt, Chile. Págs. 26-27.

181 Bahamonde Tejeda, Heriberto: "Glosario de los brujos". Master Print, Ltda. Corporación Cultural de Puerto Montt. Municipalidad de Puerto Montt, Chile, 2004. Pág. 70.

182 Quintana Mansilla, Bernardo: "Origen del pueblo chilote. Cuentos chilotes. Ñancupel el pirata". Gráfica Andina, Puerto Montt, Chile. Pág. 26.

183 García Barría, Narciso: "Tesoro mitológico del archipiélago de Chiloé". Editorial Andrés Bello, Santiago de Chile, 1985. Pág. 92.

Renato Cárdenas, en cambio, se limita a señalar que «viste ropa colorada, preferidos por su pareja [el Thrauco]»[184].

De este modo, la diferencia entre las características que le atribuye Heriberto Bahamonde respecto de los demás autores, se confunde con una característica femenina, la coquetería, más propia del *Ánima*. Esta característica se hace más patente aún, si consideramos más en detalle las características aportadas por los autores citados. Como por ejemplo, que sus «chalas son del mismo tenor, rojo con correíllas que le dan suave elegancia al andar. No usa medias ni calcetines, su cabello vuela al viento. Todo esto se ve realzado por el concierto de collares, gargantillas y aros que luce con elegancia»[185]. Narciso García resalta esta actitud coqueta y esmerada, femenina, diciendo que «peina con deleite su larga y abundante cabellera con un peine de cristal»[186]. Bernardo Quintana se expresa en los siguientes términos: «da han visto muchas veces peinando su larga cabellera con un reluciente peine de plata (...) le gusta mucho el baile, que practica sobre el balanceante "hualve", sin temor a que se hunda y la trague el pantano. Contoneando vanidosamente su exuberante busto (...)»[187].

Si no se nos hubiera advertido de la fealdad inconmensurable de la Fiura podríamos haber pensado en una diosa del amor, una Afrodita chilota, semejante a aquella de los panteones clásicos. Sin embargo, pareciera que la investidura que le aporta el *inconsciente colectivo* es bastante más compleja; de algún modo, aparece más como una Eva grotesca, una suerte seducción que nos precipita a los infiernos, una inevitable caída al mundo del mal. Un boleto a la condenación. ¿Qué seducción

---

184 Cárdenas Álvarez, Renato: "El libro de la mitología: historias, leyendas y creencias mágicas obtenidas de la tradición oral". Atelí y Cia., Ltda., Punta Arenas, Chile, 1998. Pág. 68.

185 Bahamonde Tejeda, Heriberto: "Glosario de los brujos". Master Print, Ltda. Corporación Cultural de Puerto Montt. Municipalidad de Puerto Montt, Chile, 2004. Pág. 70.

186 García Barría, Narciso: "Tesoro mitológico del archipiélago de Chiloé". Editorial Andrés Bello, Santiago de Chile, 1985. Pág. 92.

187 Quintana Mansilla, Bernardo: "Origen del pueblo chilote. Cuentos chilotes. Ñancupel el pirata". Gráfica Andina, Puerto Montt, Chile. Pág. 26.

es tan amarga como para condenarnos? El incesto. Una carne palpitante a la que no se puede mirar a la cara. De exuberante busto, *Madre materna*; pero coqueta y seductora, *Madre pecadora*. Creemos de este modo que se escinde a la mujer, ya a partir del arquetipo: María Madre y María Magdalena. *Madre* que da vida, que erotiza, pero de horrible rostro, que desquicia: el niño (hombre) no puede mirarse en su mirada.

¿De qué otra manera podría entenderse en el primitivo chilote? «La imagen del *Ánima* –señala Jung– que prestó a la madre brillo sobrehumano a los ojos del hijo, se va desgastando poco a poco por la banalidad de lo cotidiano, yendo a parar así al inconsciente, sin perder por ello su tensión ni su plenitud instintiva originarias. Desde ese momento está, por así decir, dispuesta a dar el salto y se proyecta a la primera ocasión, a saber, cuando un ser del sexo femenino hace una impresión que rompe la barrera de lo cotidiano»[188]. Para un joven, que vive en una comunidad pequeña y aislada, lo que ocurre fuera de lo cotidiano, no es la aparición de un ser «diferente» que rompa dicha barrera, sino más bien, es la emergencia de su propia sexualidad la que inviste de colores nuevos a las mujeres que viven con él, y que, de un modo u otro, tienen con él vínculos de parentesco. El *Ánima* se proyecta entonces en lo nuevo-cotidiano, en aquella mujer que en el bosque es una desconocida, a la que no debe mirarle la cara, porque si lo hiciera estaría mirando su pecado (si se puede hablar de tal), su Sodoma y su Gomorra, y se convertiría en estatua de sal, o en un baldado, como veremos más adelante.

Si la Fiura es un pasaje sin retorno a la condenación, la más horrible unión, se entiende por qué «después de hacer el amor con un chilote, lo deja demente y torcido por 77 días»[189]. Más explícito aún, Bernardo Quintana nos informa que «es muy

---

188 Jung, Carl Gustav: "Los arquetipos y lo inconsciente colectivo". Editorial Trotta, Madrid, España, 2002. Pág. 68.

189 Bahamonde Tejeda, Heriberto: "Glosario de los brujos". Master Print, Ltda. Corporación Cultural de Puerto Montt. Municipalidad de Puerto Montt, Chile, 2004. Pág. 70.

enamorada de todos los hombres... quienes deben aceptarla con los ojos cerrados, pues no soporta mirada alguna sin aplicar su castigo feroz: los deja con boca torcida y un ojo semiabierto»[190]. Como buen médico, de inmediato desliza claros elementos para hacer un diagnóstico de dicho «mal», limitando de ese modo el alcance del mito. Sin embargo, debemos insistir en que no es demasiado importante la explicación racional que de él se haga, ya que es perfectamente válido que el primitivo isleño proyectara los contenidos del *inconsciente colectivo* en una parálisis facial, una malformación congénita, un cataclismo o sencillamente la fealdad. Al hombre en los primeros estadios de la civilización no le interesa tanto la explicación del mundo, como la continuidad de sus estados anímicos en dicho mundo. Vale decir, el hombre primitivo inviste la naturaleza con sus propias emociones y sobre todo, y como base de éstas, del *inconsciente colectivo*.

Pero, volviendo a lo que decíamos, quienes son seducidos por la Fiura no deben mirarla a la cara, a costa de quedar «*enlesados* [y] tullidos»[191], lo que implica que es la parte alta del personaje la que causaría las desgracias; vale decir, las partes más cercanas a la conciencia. Es el rostro de la Fiura, su mirada y su aliento, la ponzoña que enferma tanto la mente como el cuerpo. «Aire de Fiura [es una] enfermedad provocada por el aliento de la Fiura, mal que solo puede ser curado por machis»[192]. Sin embargo, la parte inferior de este personaje, donde radica lo instintivo y lo inconsciente, deja a sus víctimas «plenamente satisfechos»[193]. ¿Podrá el mito entonces dar cuenta de una ley que castiga cruelmente en la conciencia y premia en lo genésico y en lo carnal? *Madre buena* y *madre mala*. ¿O estaremos hablando

190 Quintana Mansilla, Bernardo: "Origen del pueblo chilote. Cuentos chilotes. Ñancupel el pirata". Gráfica Andina, Puerto Montt, Chile. Pág. 26.

191 Cárdenas Álvarez, Renato: " "El libro de la mitología: historias, leyendas y creencias mágicas obtenidas de la tradición oral". Atelí y Cia., Ltda., Punta Arenas, Chile, 1998. Pág. 68.

192 Romo Sánchez, Manuel. "Folklore médico de Chiloé". Ediciones El Orfebre. Santiago, Chile, 2001. Pág. 5.

193 Cárdenas Álvarez, Renato: "El libro de la mitología: historias, leyendas y creencias mágicas obtenidas de la tradición oral". Atelí y Cia., Ltda., Punta Arenas, Chile, 1998. Pág. 68.

del *Ánimus* sometiendo al *Ánima*? Arquetípicamente nos parece que bien pudiera estar haciendo mención a esto último. Pero dicha interpretación no tiene porqué excluir la anterior, en tanto la *Madre*, de pechos generosos y entrañas germinales, pudiera a su vez ser la *Madre* del castigo, sobre todo si atendemos a que este es uno de los personajes más antiguos de la mitología chilota, y bien pudiera haber servido para proyectar las tensiones de los tiempos finales de una sociedad matriarcal. De este modo, se establecería cierta correspondencia, en la medida en que el *Ánimus* en la mujer, estaba obligado a mantener al *Ánima* en la *Sombra* y castigar al *Héroe* «amatorio».

En concordancia con lo anterior se encuentra el hecho de que la Fiura es capaz de bailar «sobre el balanceante *hualve*, sin temor a que se hunda y se la trague el pantano»[194]. Si pensamos que lo que en Cristo fue un acto milagroso, para la Fiura es algo que realiza siempre, sin que a nadie asombre, debemos concluir al menos dos cosas: la primera es que la Fiura no tiene necesidad de demostrar nada a nadie, lo que hace es parte de su naturaleza; la segunda, que sin duda es más antigua que el propio Jesús —no nos referimos tanto a la cronología historiográfica, en este sentido obvia, sino en relación al grado en que la conciencia ha ejercido su imperio sobre las cualidades anímicas de los pueblos en los que dichos mitos asientan. Las coreografías de la Fiura, son sin duda más sorprendentes —a nuestros ojos— que la «simple» caminata de Jesús, que sin embargo, deja perplejo a su público. ¿Qué misterio hay en el agua, como para que resulte portentoso caminar sobre ella? Más allá del terreno meramente físico, debemos recordar que el agua representa lo inconsciente. Jesús, el naciente logos de la individualidad, camina sobre ella —sus pasos llevan una dirección y constituyen una demostración: son algo muy serio. Es el *Héroe* que vence los infiernos, las oquedades del inframundo, sosteniéndose por un sendero imposible para el hombre común.

---

194 Quintana Mansilla, Bernardo: "Origen del pueblo chilote. Cuentos chilotes. Ñancupel el pirata". Gráfica Andina, Puerto Montt, Chile. Pág. 26.

La Fiura, en cambio, se solaza en el baile, y para ella, los aspectos lúdicos son los que priman; su danza es imposible incluso para Cristo. Si Cristo danzara sobre el agua, no sería un *Héroe*; se convertiría en alguna Ninfa libidinosa y juguetona, como la Fiura. ¿Será aventurado pensar, entonces, que en algún momento, el logos cambió el rostro de la Fiura? No lo sabemos. Sin embargo, nos parece posible señalar que para los pueblos primitivos, el maniqueísmo propio de nuestra cultura, que tiende a dividir en bueno o malo lo existente, no tiene sentido; de este modo, resulta que sus personajes míticos nos parecen caprichosos y volubles. Es así que la Fiura bien pudo ser una Ninfa seductora como también maligna.

Por otra parte –no nos cansamos de insistir en esto– «para el hombre primitivo y para lo inconsciente el aspecto animal no implica un demérito»[195]. Nosotros agregaríamos que el aspecto grotesco de la Fiura tampoco, toda vez que con sus «artes» lascivas y mágicas, es superior al humano.

La Fiura baila sobre los pantanos. Es su ambiente y por eso no sorprende. No encarna al *Héroe*. En ella se proyecta la gracia de lo inconsciente, lo primigenio, la comunidad del hombre con la naturaleza; su naturaleza. Sin embargo, el mismo hombre le teme, siente pavor frente a su mirada, no quiere ver su rostro. Nuevamente, aparece en el primitivo isleño, el conflicto entre el *Ánima* y el *Ánimus*. Mientras la conciencia no cuestionaba, sino aceptaba la naturaleza del hombre, este ser femenino podía danzar sobre las aguas, alegremente, sin perjudicar a nadie. En el momento en que se intenta espiarla, en que se le quiere ver el rostro, entonces aparecen las calamidades.

No vamos a insistir aquí en que también el agua representa, no solo lo femenino, sino además a la *Madre*. Sin embargo, diremos que la Fiura, si bien danza sobre el hualve, «se peina y

---

195 Jung, Carl Gustav: "Los arquetipos y lo inconsciente colectivo". Editorial Trotta, Madrid, España, 2002. Pág. 214.

se lava en el arroyuelo que corre en su centro»[196]. Aguas cristalinas en las que se baña, aguas lodosas sobre las que baila. Se purifica a la vez que danza sobre el lodoso pantano.

De esta manera, la Fiura encarna un delicado equilibrio entre los aspectos eróticos, en su sentido más amplio, y aquellos vinculados con la muerte, o aún peor, la entrada en abismos insondables, que no necesariamente suponen el término de la vida, sino más bien, la pérdida absoluta de voluntad, en tanto, quien se hunde en ellos, no tiene ningún tipo de apoyo sobre el cual pisar; no puede ver nada, porque el cieno mezquina el más mínimo rayo de sol. La oquedad envuelve y asfixia. No hay a qué aferrarse. Pero, ¿qué es eso que nos hunde en lo más profundo y oscuro? Solo puede ser el inconsciente. Esto es, creemos, lo que representa el hualve. Sobre él, alegremente y sin hundirse, baila la Fiura. Sin rumbo y sin público al cual asombrar. Este baile bien pudiera ser la vida.

Sin embargo, en el mito del *Héroe*, la lucha entre éste y el monstruo, «tiene lugar a la orilla de un río, o acaso junto a un vado, como ocurren especialmente en los mitos indios que conocemos por la *Hiawatha* de Longfellow. En la lucha decisiva, el héroe es tragado por el monstruo (Jonás y la ballena) (…). En el interior del monstruo comienza el héroe a enfrentarse con la bestia, a su modo, mientras que el animal nada con él dentro hacia Oriente, hacia la salida del sol. El héroe corta un trozo importante de las entrañas, por ejemplo, el corazón de la bestia, gracias al cual ella vivía (es decir, precisamente la valiosa energía con que se activaba lo inconsciente) De este modo mata al monstruo»[197]. Pero en nuestro mito, no hay *Héroe* que pueda ser tragado (a menos que consideremos *Héroe* a la propia Fiura, que por lo demás, no se toma la molestia de ser tragada). El *Héroe* está en suspenso; teme. No se atreve a acercarse a los hualves ni

---

196 Quintana Mansilla, Bernardo: "Origen del pueblo chilote. Cuentos chilotes. Ñancupel el pirata". Gráfica Andina, Puerto Montt, Chile,. Pág. 26.

197 Jung, C. G. : "Lo Inconsciente en la vida normal y patológica." Editorial Losada, Buenos Aires, Argentina. Pág. 84.

a los surcos de agua. Ni siquiera al monte. De aquí el tinte pesimista en la mitología chilota. El primitivo habitante de las islas no llega siquiera a hundirse en las oscuras y húmedas profundidades del cieno: huye. En este sentido es muy ilustrativo un relato del Dr. Bernardo Quintana, en el que un muchacho muy joven huye de la Fiura que ha visto lavándose el cabello en el arroyo que corre en medio del hualve; sin embargo, finalmente, cuando él se detiene y se siente atrapado, resulta ser una muchacha que conoce y frente a la cual no puede evitar sonrojarse avergonzado. Pensamos que no tanto por haber huido, ni siquiera por haberla confundido con el rufianesco personaje, sino porque se trata de una joven que lo azora[198]. Al mozo lo sorprendió la pubertad y lo alcanzó, y no sabe cómo reaccionar. Tendrá que convertirse en su propio *Héroe*, pero está tan desconcertado, que no se deja tragar. Continúa danzando sobre el agua, aferrándose a sus sueños infantiles, mientras el arroyo corre en medio, claro, límpido, pero marcando los minutos de su vida. La ninfa lo ha atrapado, pero tiene rostro de muchacha, tan joven que sin duda puede danzar alegremente sobre las aguas, sin hundirse en el cieno; mas su coquetería ya atrae a los hombres, ya los conduce hacia el hualve, y sin embargo, también les provoca miedo, los impulsa a la huida, como al púber de este cuento.

Un aspecto que hasta aquí hemos pospuesto es el enorme tamaño de la nariz de la Fiura; Bernardo Quintana escribe que «su rostro [está] casi oculto por una descomunal nariz»[199]. Este es, nos parece, un elemento fálico, que al estar vinculado al olfato, aparece como aún más cercano a la animalidad; la escasa estatura de la Fiura, por otra parte, determina que dicho miembro se encuentre cerca de la tierra y no resulte aventurado vincularlo a la fertilidad.

---

198 Quintana Mansilla, Bernardo: "La Fiura" en "Origen del pueblo chilote. Cuentos chilotes. Ñancupel el pirata". Gráfica Andina, Puerto Montt, Chile. Págs. 25-29.

199 Quintana Mansilla, Bernardo: "Origen del pueblo chilote. Cuentos chilotes. Ñancupel el pirata". Gráfica Andina, Puerto Montt, Chile. Pág. 26.

Sin embargo, más allá de lo antedicho, creemos que aquel elemento fálico pone en evidencia la primacía del *Ánimus*, sobre todo porque, a partir de la frase del Dr. Quintana, podemos inferir que en realidad, más que el rostro de la Fiura, lo que contemplamos es su nariz, la fealdad de este miembro, demasiado prominente, que nos impide ver el verdadero rostro de la ninfa. El *Ánima*, tan evidente en la coquetería y la danza, es en definitiva sojuzgada por los aspectos eróticos agresivos e incluso meramente tanáticos de este personaje.

Pensamos que por eso se destacan los «instintos rufianescos»[200] de la Fiura. Heriberto Bahamonde Tejeda señala que el Thrauco, amante insaciable y agresivo, «trata de evadirla porque la Fiura es demasiado cargante y fogosa. La Fiura busca y enamora a los hombres con un despecho motivado por la indiferencia del Thrauco. Lo malo [y esto ya lo hemos citado antes] es que después de hacer el amor con un chilote, lo deja demente y torcido por 77 días»[201]. Cárdenas, por su parte, y como hemos apuntado antes, señala que «se apodera –con su aliento y su mirada– de la voluntad de los humanos, tomándole sus alientos para disfrutar sexualmente de ellos. Estos quedan *enlesados*, tullidos, aunque plenamente satisfechos»[202]. Narciso García la ha vinculado a las enfermedades venéreas que contraen los mozalbetes[203]. Como puede verse es un erotismo agresivo, violento, destructivo... Miembro convertido en espada. Deleite convertido en pesadilla.

Pero tiene también aspectos que pudieran considerarse netamente destructivos. Quien insiste con mayor énfasis en estas características es Narciso García. Así, nos refiere que se le

---

200 García Barría, Narciso: "Tesoro mitológico del archipiélago de Chiloé". Editorial Andrés Bello, Santiago de Chile, 1985. Pág. 92.

201 Bahamonde Tejeda, Heriberto: "Glosario de los brujos". Master Print, Ltda. Corporación Cultural de Puerto Montt. Municipalidad de Puerto Montt, Chile, 2004. Pág. 70.

202 Cárdenas Álvarez, Renato: "El libro de la mitología: historias, leyendas y creencias mágicas obtenidas de la tradición oral". Atelí y Cia., Ltda., Punta Arenas, Chile, 1998. Pág. 68.

203 García Barría, Narciso: "Tesoro mitológico del archipiélago de Chiloé". Editorial Andrés Bello, Santiago de Chile, 1985. Pág. 93.

culpa de las lesiones de los animales que «sin que los propietarios se lo expliquen, aparecen rengueando o quebrados (…) se atribuye el accidente a un "aire" largado por la Fiura»[204]. Además, «los efectos de la ciática, del reumatismo, el tullimiento de los pequeños y algunas otras dolencias corporales, se los carga a este mismo "mal aire"»[205]. Este aire es «aliento hediondo que despide la Fiura para torcer a los intrusos que se atreven a observarla, o para atrapar a sus víctimas»[206].

En el párrafo anterior, desaparece la connotación erótica de la Fiura, conservando solo sus aspectos agresivos, masculinos. A pesar de que existen múltiples formas de librarse de esta *diablilla*, ritualistas y ancestrales, no observamos *Héroe* que pueda oponérsele y vencerla. Otra vez, una mitología pesimista.

Sin embargo, son las mujeres viejas quienes advierten a los jóvenes de los peligros que representan los bosques, montes, hualves y quebradas, como así también el de ir solos; y son los viejos, independientemente de su género, quienes dan consejo de cómo alejar a la Fiura y al Thrauco. Entre estos métodos es posible señalar el siguiente: «[para evitar que la Fiura se aposente en una casa] se busca en el bosque una planta de "trompetilla": se la echa a hervir, y con dicho cocimiento se rocía la casa, y al mismo tiempo se enciende una fogata con ramas verdes de *chaura* u otras plantas igualmente verdes para que den bastante humo, mientras varias personas producen el mayor ruido posible con cadenas o con bolsas llenas de conchas, con el objeto de espantar a la intrusa. Luego la gente va al bosque para dejar allí a la odiada chauca [Fiura][207]». Aquí se advierte a la

---

204 García Barría, Narciso: "Tesoro mitológico del archipiélago de Chiloé". Editorial Andrés Bello, Santiago de Chile, 1985. Pág. 92-93.

205 García Barría, Narciso: "Tesoro mitológico del archipiélago de Chiloé". Editorial Andrés Bello, Santiago de Chile, 1985. Pág. 93.

206 Cárdenas Álvarez, Renato: "El libro de la mitología: historias, leyendas y creencias mágicas obtenidas de la tradición oral". Atelí y Cía., Ltda., Punta Arenas, Chile, 1998. Pág.13.

207 García Barría, Narciso: "Tesoro mitológico del archipiélago de Chiloé". Editorial Andrés Bello, Santiago de Chile, 1985. Pág. 94.

comunidad en la función de *Héroe*. Un *Héroe* colectivo, como en Fuenteovejuna.

En el párrafo anterior se deja ver, además, el arquetipo del *Viejo*, sin el cual el *Héroe* colectivo (si podemos hablar de ese modo) sería incapaz de vencer el mal. Otros métodos que recomiendan los (as) viejos (as), se encuentra el uso de «*Hualaihuén*: Se cuelga al exterior de la casa un ramo de esta planta para impedir que la Fiura haga daño»[208]. Pero no queremos abundar en más ejemplos, que los hay, sino más bien demostrar la importancia del arquetipo del *Viejo* en la mitología de Chiloé.

Se ha dicho de la Fiura que también «rapta a los niños y los cría como propios»[209]. Nuevamente llaman la atención los aspectos agresivos –el rapto– asociados a elementos más tiernos, como la crianza. La *Madre* arquetípica, con su dualidad de *Madre mala* y *Madre buena* (mala porque aleja a los niños de sus hogares y buena porque los cría). ¿*Ánima* y *Ánimus*? Posiblemente. ¿*Doble nacimiento*? Quizá, en la medida que el ser mítico es una «segunda» madre, pero a diferencia de lo esperable, es el ser mítico el que cría hijos de mortales, y no a la inversa. ¿Será, entonces, la proyección inconsciente de la fantasía infantil de ser sobrenatural? Pensamos que sí, en la medida en que la Fiura, siendo agresiva, «mala» y odiada, es de estirpe heroica, ya que se la supone hija de «"La Condená", una de las creaturas de la culebra Ten-Ten»[210].

---

208 Cárdenas Álvarez, Renato: "El libro de la mitología: historias, leyendas y creencias mágicas obtenidas de la tradición oral". Atelí y Cia, Ltda. Punta Arenas, Chile, 1998. Pág. 70.

209 Cárdenas Álvarez, Renato: "El libro de la mitología: historias, leyendas y creencias mágicas obtenidas de la tradición oral". Atelí y Cia, Ltda. Punta Arenas, Chile, 1998. Pág. 69.

210 Quintana Mansilla, Bernardo: "Origen del pueblo chilote. Cuentos chilotes. Ñancupel el pirata". Gráfica Andina, Puerto Montt, Chile. Pág. 26.

PALABRAS FINALES

Quedaron pendientes personajes prehispánicos que nos habría gustado abordar. Cuestiones de tiempo y espacio nos han obligado a centrarnos en aquellos que creímos más importantes; sin embargo, a medida que ahondábamos en el análisis, fuimos descubriendo que resulta artificial, si es que no imposible, abordar el examen que nos propusimos de una manera estática. Usamos esta palabra en dos sentidos; el primero, en lo que se refiere a la evolución histórica, social y económica, que necesariamente produjo mutaciones, mixturas, evoluciones y mestizajes, que lejos de empobrecer o contaminar la mitología de los primitivos habitantes del archipiélago, la enriquecieron, sin velar necesariamente los elementos más arcaicos. El hecho de que pudieran complementarse en un continuo, o mejor aún, formar parte de un solo eterno y magnífico panteón, demuestra hasta qué punto el *inconsciente colectivo* es asunto compartido tanto por las culturas aborígenes como por la hispánica, y por extensión, por toda la humanidad.

El otro sentido en que usamos la palabra estática, deriva del método analítico, que nos obliga a separar lo que convive como un todo; ello nos llevó a no darle la relevancia que hubiéramos querido a la relación que se da entre los distintos personajes, según se observa en numerosos cuentos populares, como *La*

Guagua del Thrauco, El Palo Negro, La Novia, entre otros. Sin hacer mención de las narraciones basadas en los mitos chilotes, realizadas por autores contemporáneos, que de una u otra manera, dejan ver la profunda psicología ínsita en éstos.

Sin embargo, nos conforta el hecho de saber que nuestro trabajo tiene un valor heurístico, en especial considerando que no encontramos autores que se hayan ocupado, con anterioridad a nuestro torpe intento, de entender la mitología de Chiloé como la expresión del *inconsciente colectivo*.

En cuanto a los aspectos antropológicos, los argumentos a favor de la procedencia oriental de los chonos y de los veliches, nos lleva a conjeturar que es plausible que éstos fueran descendientes de chinos, australianos y polinésicos, al menos en parte. Nos parece más improbable pensar que fueran herederos solo de una de esas culturas, con exclusión de las otras, toda vez que el lenguaje tiene reminiscencias chinas, en Australia es posible encontrar flora idéntica a la del sur de Chile (el Copihue, por ejemplo) y en la polinesia se cocina una especie de curanto, muy similar al chilote. Esto, sin hacer mención de los elementos antropométricos, biológicos y médicos expuestos por el Dr. Bernardo Quintana y otros autores contemporáneos. Nos parece menos probable, por cierto, pensar que el poblamiento de Chiloé solo tuvo una vertiente.

Sin duda, las condiciones de vida a las que se enfrentaban ambos pueblos, eran de suyo difíciles; con inviernos crudos y prolongados, aislamiento y relativa escasez de medios de subsistencia, lo que debió dificultar el desarrollo tanto de los chonos como de los veliches. Sin embargo, es interesante señalar las diferencias que existían, en los modos de producción y medios de subsistencia entre ambos pueblos. Los chonos eran nómades, canoeros dedicados a la caza del lobo marino, pescadores y buzos, mientras que los veliches eran un pueblo sedentario, dedicado principalmente a una agricultura primitiva.

Si consideramos lo dicho, debemos colegir que entre los chonos no existían grandes posesiones que defender y que por lo tanto, la estructura social no debió estar fundada ni en la propiedad ni en el poder de las armas; en dicho caso, solo pudo haberse sustentado en la creación y reproducción de la vida. Dicho de otro modo, en la maternidad. Maternidad que necesariamente conlleva la urgencia de alimentar la progenie, y por lo tanto, el imperativo de la producción debió recaer en el género femenino, labor que en este caso se tradujo en la recolección de mariscos y el buceo. La cacería de lobos marinos, en cambio, por depender de la fuerza física, debió estar entregada al hombre.

Por otro lado, debido al régimen de vida nómada que llevaban, no es probable que mantuvieran una estructura familiar patriarcal, ya que no existía una delimitación «territorial» ni una vida privada propiamente tal; de este modo, es dable pensar que solo estuviera clara, y socialmente reconocida, la filiación materna.

Nos parece que debido a lo antedicho, la sociedad que formaban debió ser primeramente matriarcal, cuestión que se sustenta en el hecho de que aún existen lugares en Chiloé en los que predomina dicho tipo de régimen.

Por otra parte, los veliches, con su forma de vida sedentaria, aunque existiera entre ellos una cultura colaborativa, debieron contar con ciertos cotos privados, al menos en lo que se refería a su ruca; por lo mismo, es más probable que el hombre supiera cuáles eran sus hijos, que por su parte, eran los brazos que debían aumentar sus «riquezas». De este modo, era de vital importancia que los hijos no fueran de todos. El sistema social imperante debió ser, entonces, patriarcal. Ello es aún más probable si se considera que las posesiones materiales para la agricultura son más importantes que las de las culturas loberas. Además, la presión sobre la tierra debió ser mayor, por lo que debieron, y de hecho fue así, entablarse guerras entre distintas tribus veliches, y de éstos con otros pueblos, como, por ejemplo, los cuncos.

De esta manera vemos cómo los roles de género son por completo diferentes entre los pueblos primigenios del archipiélago de Chiloé.

No es posible descartar, empero, que ambos pueblos hayan estado en tránsito hacia el patriarcado; sin embargo, si esto fue así, es indudable que los veliches estaban en una etapa más avanzada de dicho proceso.

Entonces, los secuestros de mujeres pudieron tener dos sentidos distintos, según se tratara de chonos o veliches. Para los primeros, debió ser más importante «reponer» el número de las mujeres que se perdían producto de la práctica del buceo. Para los últimos, en cambio, bien pudo tratarse de un esfuerzo para aumentar la progenie y el número de brazos y guerreros bajo el mando del padre. En ambos casos, sirvió para renovar la «sangre» del grupo; esto debió ser mucho más trascendente en el caso de los chonos, ya que se agrupaban en familias bastante pequeñas.

En ambos casos es dable suponer que cuando se iniciaron dichos cambios (si es que es posible decirlo así), ya existía cierto grado de belicosidad masculina en ambas sociedades. La caza de los lobos marinos, entre los chonos, ya daba cuenta de esto.

El miedo a las tribus vecinas (de los chonos a los veliches, que los desplazaron al sur, y de los veliches a los nómadas navegantes, que secuestraban a sus mujeres), pudo haberse proyectado en los mitos más conocidos de Chiloé. Demás está decir que no fue lo único que se proyectó en dichos mitos, pero ya esa sola consideración le da más sentido que las explicaciones materialistas simples o de superfluo pintoresquismo.

La existencia o no de un cataclismo telúrico, no resulta, a efectos de nuestro análisis, demasiado importante. Las pruebas de tipo lingüístico nos parecen poco concluyentes; sin embargo, no podemos negar que son sugerentes.

Pero ¿qué otros cataclismos pudieron ser tan superlativos en el alma de los primeros habitantes de Chiloé? Pensamos que la transmisión de una sociedad matriarcal a una patriarcal debió generar en el ánimo de aquellos seres humanos tensiones tan grandes que aun el despertar de las aguas, el sismo gigantesco, la inundación y la catástrofe, no fueron suficientes en sí para servir de asiento a la proyección de las mismas, sino que el cataclismo cobró vida en el combate de las dos serpientes.

Las luchas que se libraban en el psiquismo de aquellos seres implicaban, necesariamente, el predominio de algunos modos de funcionamiento psíquico por sobre otros; vale decir, las diferencias de fuerzas que se produjeron entre los diferentes arquetipos, se proyectaron en esta lucha colosal.

De ese modo, si lo que se jugaba en esa lucha era la proyección de conflictos anímicos suscitados por cambios sociales tan trascendentes como el paso de una sociedad matriarcal a una patriarcal, entonces no debe extrañarnos que el arquetipo de la *Madre* se evidencie como una irrupción de lo inconsciente, y que en este arquetipo prevalezcan los aspectos más destructivos de la misma (la *Madre mala*, como la hemos llamado). Otros mitos, que no hemos alcanzado a analizar, resaltan a la *Madre* no solo dadora, sino también alimentadora, o si se quiere, mantenedora de la vida.

Dentro de esta línea de razonamiento habría que destacar el dominio de *Ánimus* sobre *Ánima* en la serpiente Caicai o, para mejor graficarlo, Coicoi (en mapudungun Ko es agua). El agua representa lo inconsciente —y también contiene lo inconsciente, como una suerte de amenaza latente, que puede hacer presa de quien en ella se mira. Pero además, representa lo femenino. De este modo, podemos vincularlo no solo al arquetipo de la *Madre*, sino sobre todo al de *Ánima*. En este sentido, entonces, podemos concluir que la agresividad ínsita en Caicaivilu responde a un predominio del *Ánimus* en lo femenino.

En Tentenvilu, en cambio, pareciera haber un mayor equilibrio entre ambos arquetipos; sin embargo, si se mira más atentamente, puede advertirse que, siendo un personaje que representa lo masculino, lo viril, en la medida en que habita la cordillera, en lo pétreo, pletórico de picachos, en definitiva, de puntas, cumple una función conservadora de la vida, más propia del *Ánima*. Solo su función de guerrero, que comparte con Caicaivilu, muestra que en él está activo, y muy activo, el arquetipo de *Ánimus*; sin embargo lo está, en tanto presta servicio al *Ánima*. Pero ¿de qué otra manera podría actuar un *Héroe*?

Quien determina cómo se juegan dichos arquetipos, es la propia naturaleza del *Héroe*. Aquel modo de funcionamiento psíquico que rescata, que salva, que pone las cosas en orden… En este caso, mediante una lucha incansable, que transcurre en un tiempo sin tiempo, en una eternidad hecha de «lunas y lunas».

La lucha se estanca. Solo la mediación de Nguenechén logra inclinar la balanza a favor de Tentenvilu, quien consigue salvar a la humanidad. En este punto ha hecho su aparición la figura del *Viejo sabio*, el dios que interviene a favor del *Héroe*. Ignoramos si fue realmente algún tipo de consejo, conjuro, información propicia o alguna forma de magia, lo que entregó a Tentenvilu. Frente a su intervención no tenemos mayor información, pero el hecho de que recurra a él, lo sitúa a otro nivel, lo pone en el sitial del *Viejo*, al que debe necesariamente recurrir.

Sospechamos que en ese nivel debió existir otra lucha: la que necesariamente enfrentó a Nguenechén con Guecufú: en ésta, Nguenechén debió ser el *Héroe*.

De algún modo, entonces, puede considerarse que el *Héroe* ha nacido dos veces.

Este intercambio de papeles según el nivel en que se sitúa el relato, permite que frente a los hombres, Tentenvilu no solo encarne al *Héroe*, sino que también asuma la función del *Viejo*, toda vez que aconseja a los hombres el sacrificio de un *Niño*, para que Nguenechén les sea propicio nuevamente si Caicaivilu vuelve a atacar.

Queda entonces en evidencia otro arquetipo. El *Niño* debe ser sacrificado por el bien futuro de la sociedad, para que el dios los favorezca. Dicha concepción se parece demasiado a mitos propios de otras culturas, con las que sin duda los primitivos chilotes no tuvieron un contacto directo. Una de las que más conocemos, por ser el mito fundante de la cultura occidental judeocristiana, es la muerte de Jesús.

En el mito del Thrauco, como el de la Fiura, se ponen en juego los mismos arquetipos. Sin embargo, echamos de menos el arquetipo del *Héroe* y suponemos el del *Viejo* en todos aquellos mayores que advierten de los peligros de adentrarse en el monte (motivo común con cuentos y leyendas de otras latitudes) y en quienes saben el modo de librarse de estos odiados personajes.

Creemos que el habernos limitado solo a las características físicas y «psicológicas» de estos personajes, hemos perdido buena parte de la riqueza de aquellos, que se manifiesta en varios cuentos populares que tuvimos la oportunidad de leer, pero que la extensión de este trabajo nos obligó a dejar fuera de nuestro análisis. Quede como una tarea pendiente.

No abordamos las relaciones entre los personajes mitológicos analizados, incluidas las infidelidades, y dejamos pendientes, aun cuando también fueran prehispánicos, otros personajes mitológicos igualmente atractivos. Ni qué decir de los personajes hispánicos, con los que se amalgama y enriquece el panteón original. Decimos «enriquece», ya que luego de trabajar con estos mitos y leyendas, no nos parece propio que decir «contamina».

Fue valioso entrevistar a dos de los autores que nos sirvieron de referencias para abordar este trabajo, en la medida en que nos permitieron enriquecer y vivificar los conceptos, definiciones, hipótesis y descripciones acerca de la mitología del archipiélago. Nos resultaron evidentes las inconsistencias que existían entre ellos, a pesar de que se conocían personalmente y habían tenido la oportunidad de hablar entre sí. No quisimos ahondar en dichas cuestiones, ya que se alejaban demasiado de nuestro propósito, que bien podía lograrse haciendo caso omiso de la mayor parte de ellas.

Nos resultó, en cambio, prácticamente imposible entrevistar ancianos chilotes, propósito con el cual viajamos a la isla de Cahuache. Les daba vergüenza hablar con desconocidos acerca su cultura y su mitología. Quizá por eso mismo nos resultó evidente que, al menos en dicha isla, su cultura está viva. Es gente que cree firmemente en su mitología, a las que les parece incluso peligroso referirse a ciertos tópicos; recordamos por ejemplo, el sigilo con que un señor de ochenta y cuatro años nos refirió una experiencia que había tenido, mientras navegaba; nos contó que se le apareció una luz mucho más brillante que las de las ciudades; aquella luz emergió de una playa en una de las islas, se elevó y se perdió en la cordillera. El anciano conjeturaba que la luz «debió haber ido a parar a esa ciudad de oro que dicen que hay yendo *pa* Argentina». «La Ciudad de los Césares», supusimos; nunca se nos había ocurrido vincularla a la mitología de Chiloé, pero ¡ahí estaba! ¿La ciudad de los Thrauco? Esa ciudad mítica de la que habíamos descreído previamente.

Era tal el sigilo de este anciano, que cambiaba de tema cada vez que alguien se acercaba o simplemente guardaba silencio. Miraba con recelo e iba de un lado a otro, como si temiera algo.

Debemos aclarar que la entrevista se realizó a las dos de la tarde: nada más lejano a las temibles sombras de la noche. Pero en cambio llovía y conversábamos en un camino rural, refugiándonos bajo el precario resguardo de los árboles de la orilla, por lo que la charla fue necesariamente breve. Alcanzó a contarnos un encuentro que tuvo con unos seres extraños, que tampoco cuadraban con ninguno de los estereotipos con que uno se arma para estos casos; sin embargo, por algunos ínfimos detalles y por la forma en que narraba, bien pudiera haberse tratado de brujos. La presencia de conocidos que se acercaron y que iban rumbo a una fiesta religiosa, interrumpió el relato, y por desgracia el cronista se fue con ellos.

Nos sentimos decepcionados, ya que aquel anciano resultó para nosotros una promesa insatisfecha, toda vez que, en actitud conspirativa, había comenzado a sugerir indicios, pistas, señales… «se dice, pero yo no he visto nada, no señor, eso sería mentir, pero alguna gente dice que ha visto…» La procesión que se iniciaba en el villorrio, a unos dos kilómetros, nos arrebató al único anciano que encontramos dispuesto a hablarnos.

Con todo, estamos satisfechos; hemos logrado dar cuenta de que en la mitología del archipiélago de Chiloé, en el psiquismo de sus primeros habitantes, se encuentran los mismos arquetipos que Jung describió en otras culturas. Los conflictos psicológicos de los primeros habitantes de las islas, se proyectan exquisitamente en sus mitos. Una catástrofe telúrica, pudo servir, al menos en parte, para proyectar las realidades anímicas de un pueblo que bien pudo estar tensionado por un cambio social, ya que para los espíritus primitivos la realidad anímica no es menos importante que la realidad externa, sino que ambas son una sola.

Hubo un tópico que insinuamos a propósito del Thrauco y que también sospechamos en la Fiura: el del príncipe o princesa encantada(o), repulsivos, pero que frente al «beso de amor» se convierten en un ideal amatorio o un amor ideal. No se nos escapan las reminiscencias que pudiera haber con *El patito Feo*, *Caperucita Roja*, y cuentos similares. *Pulgarcito* y todo tipo de enanos y elfos, revolotearon por nuestra mente. No podíamos abundar más y lo asumimos como otra tarea pendiente.

BIBLIOGRAFÍA

1- Bahamonde Tejeda, Heriberto: "Glosario de los brujos". Master Print, Ltda. Corporación Cultural de Puerto Montt. Municipalidad de Puerto Montt, Chile, 2004.

2- Barros, Álvaro: "Aborígenes australes de América". Lord Cochrane, Santiago de Chile, 1975.

3- Cárdenas Álvarez, Renato: "El libro de la Mitología: historias, leyendas y creencias mágicas obtenidas de la tradición oral." Editorial Atelí y Cia., Ltda., Punta Arenas, Chile, 1998.

4- Cárdenas, Renato; Hall, Catherine; Montiel Vera, Dante; "Los Chono y los Veliche de Chiloé". Editores Renato Cárdenas y Catherine Hall. Imprenta Olimpho. Santiago de chile, 1991.

5- Cavada, Francisco J.: "Chiloé y los chilotes". Imprenta Universitaria, Santiago, Chile, 1914.

6- Cotterel, Arthur (compilador general): "Enciclopedia de la mitología universal", Parragón, Barcelona, España, 2004.

7- De Castro, Juan: "Introducción a la psicología de Carl Gustav Jung". Ediciones Universidad Católica de Chile, Santiago, Chile, 1993.

8- Dowling, J: "Religión, shamanismo y mitología mapuches". Editorial Universitaria, Santiago, Chile,1971.

9- "Diccionario Mapuche: Mapudungún". Segunda Edición. Editorial Musigraf, Temuco, Chile, 2006.

10- García Barría, Narciso: "Tesoro mitológico del archipiélago de Chiloé". Editorial Andrés Bello, Santiago de Chile, 1985.

11- Jung, Carl Gustav: "El hombre y sus símbolos". Luis de Caralt Editor, Barcelona, 1976.

12- Jung, Carl Gustav: "Lo inconsciente en la vida psíquica normal y patológica" Editorial Losada, Buenos Aires, Argentina.

13- Jung, Carl Gustav: "Los arquetipos y lo inconsciente colectivo". Editorial Trotta, Madrid, España, 2002.

14- Jung, Carl Gustav: "Los complejos y el inconsciente". Editorial Altaya, Barcelona, España, 1997.

15- Jung, Carl Gustav: "Presente y futuro". Editorial Sur, Buenos Aires, Argentina, 1963.

16- Jung, Carl Gustav: "Psicología y alquimia", Plaza y Janes Editores, Barcelona, España, 1989.

17- Matisoo-Smith, Elizabeth y Ramírez, José Miguel: "Human skeletal evidence of Polynesian presence in South America? Metric analyses of six crania from Mocha island, Chile. Journal of Pacific archaeology – vol. 1, N° 1, 2010.

18- Ocampo E., Carlos, y Rivas H., Pilar: "Poblamiento temprano de los extremos geográficos de los canales patagónicos: Chiloé e isla Navarino 1". Chungará (Arica), N° 36 (Supl. espect1), 2004.

19- Quintana Mansilla, Bernardo: "Origen del pueblo chilote. Cuentos chilotes. Ñancupel el pirata". Gráfica andina, Puerto Montt, Chile.

20- Ramírez, José Miguel y Matisoo-Smith, Elizabeth: "Polynesians of prehistoric times in southern Chile: hard evidence, new questions and a new hypothesis", Clava N° 7, 2008.

21- Roewer, Lutz y colaboradores. "Continent-wide decoupling of Y-chromosomal genetic variation from language and geography in native South Americans". PLoS genetics. April 11, 2013.

22- Romo Sánchez, Manuel. "Folklore médico de Chiloé". Ediciones El Orfebre. Santiago, Chile, 2001.

23- Trivero Rivera, Alberto: "Los primeros pobladores de Chiloé. Génesis del Horizonte Mapuche". Working paper. Series 25. Editorial digital Ñuke Mapu.

24- Urbina Burgos, Rodolfo: "Los chonos en Chiloé: Itinerario y aculturación. Chiloé: Revista de divulgación del Centro Chilote, N° 9, Concepción, Chile. 1999.

25- Vuskovic, Sergio y Fernández, Osvaldo. "Teoría de la ambigüedad. Bases ideológicas de la Democracia Cristiana". Empresa editora austral, Santiago, chile, 1964.

RENÉ DE LA BARRA SARALEGUI

Nació en Valdivia, Chile, en 1962. En 1988 se tituló Médico-cirujano, por la Universidad Austral de Chile. En 2001 se trasladó a Buenos Aires (CF), Argentina, para especializarse en Psiquiatría, retornando a Chile el 2004. Actualmente reside en Puerto Montt, Región de los Lagos. Ha publicado seis libros de relatos: *Barrio Bullicioso* (2012), *La bañera de Efraín* (2014), *El extraño hechizo de la noche* (2014), *El último juego de invierno* (2016), *El último tren a casa* (2016) y *La mujer del contador* (2016). Es autor de varias novelas breves, entre las que se cuentan *La carta*, *Prohibido estacionar*, *La traición del sargento Owen*, *Cielo de cristales rotos*, *El oficio de la fuga* y *La lluvia y las horas*.

www.ingramcontent.com/pod-product-compliance
Lightning Source LLC
Chambersburg PA
CBHW022343290526
45786CB00014B/2390